KB212413

총무원장 진우스님의
신심명 강설

총무원장
진우스님의

신심명 강설
・
信心銘
講說

글 진우스님

불교신문사

선(禪)의 진면목을 보여주는 달마(達磨)와 혜가(慧可)를 이은 선종(禪宗) 제3조 승찬(僧璨)대사의 〈신심명(信心銘)〉은 내용이 매우 뛰어날 뿐만 아니라, 너무나도 감동적인 표현들이 가슴을 울려준다. 처음 발심할 때부터 마지막 성불할 때까지 우리가 가져야 할 신심에 대하여 지극한 마음으로 남기신 사언절구(四言節句)의 146구 584자로 되어 있는 게송이고 시문(詩文)이다.

선이란 참선(參禪)의 준말로서 곧 부처님의 마음을 가리킨다. 마음이 선정에 들면 우리가 가지고 있는 상대적인 관념을 완전히 벗어나서 언어와 문자, 그리고 생각조차 필요치 않은 경지에 이르게 된다. 그야말로 생사를 완전히 벗어난 상태를 말하는데, 이를 해탈, 열반, 피안, 성불, 견성, 아뇩다라삼먁삼보리라고 표현은 하지만, 인간적인 생각과 감정으로는 전혀 닿을 수 없는, 상상조차 할 수 없는 기막힌 경지이다.

인간이 가지고 있는 생각이나 감정은 지극히 상대적으로 이루어졌기 때문에, 마음에서 나온 실존의 세계 즉, 나의 몸이 디디고 있는 이 세상 역시 상대적으로 만들어진 허상의 것들이다. 그러므로 생로병사와 희로애락의 인과를 벗어나지 못하는 것이다.

지금은 비록 웃고 있지만 웃고 있는 마음이 사라지면 연이어 울고 있는 자신을 발견하게 된다. 웃는 일이 생기니 우는 일이 상대적으로 생겨나기 때문이다. 다만, 시간차일 뿐이다. 과학이 발달하고, 세상이 좋아지고, 발에 흙 안 묻히고 하늘을 날며, 눈 깜빡할 사이에 우주를 돌고 오는 재주가 있다 하더라도, 한 번 좋으면 한 번은 싫은 감정이 생기는 것이 중생의 분별심이다.

때문에 분별된 마음으로는 극락과 지옥, 배부름과 배고픔의 윤회를 계속하여 반복할 수밖에 없으므로, 좋고 싫은, 웃고 우는, 나고 죽는, 상대적인 분별된 업식을 벗어나는 길을 찾아야 하는데, 이것이 바로 부처님의 법이고 중도의 가르침이다.

불교적 관점으로 본다면, 철학과 과학, 그리고 불교 이외의 종교들 모두 상대적인 세계에서 벗어나지 못하고 있다. 신의 구원으로서 천당에 갈 수 있는 믿음을 강요하고 있으나, 부처님께서는 일찍이 하느님도, 부처님도, 편안함도, 천당도, 모든 것이 내 마음에서 나온 것임을 설파하셨다.

따라서 좋은 것을 얻으려고 하면 할수록 그만큼의 나쁜 것이 생길 수밖에 없고, 젊음을 추구하면 할수록 늙음이 코 앞에 올 수밖에 없으며, 살려고 바둥거릴수록 죽음이 기다리고 있고, 높이 올라가면 갈수록 내려오는 길이 멀어지며, 욕심을 부리면 부릴수록 불만의 마음은 깊어지게 된다.

그러므로 이 모든 업(業)의 대가는 상대적인 분별심에서 비롯되는 것이니, 분별심을 없애려면 선의 마음이 되어야 하고, 선의 마음이란 상대적인 분별심이 사라진 상태이므로 고락(苦樂)의 인과도, 생사의 인과도, 모두 분별심에서 나오는 산물들이다.

무엇을 위해, 누구를 위해, 무슨 일을 하며 어떻게 살더라도 분별심이 있는 한 결국에는 부질없는 짓이 될 수밖에

없으며, 그 가운데 고통과 괴로움, 성냄과 불만을 피할 도리
가 없다.

그리하여 이 모든 것을 해결하기 위해서는 마음을 깨쳐
선정에 들어가는 길밖에는 없으니, 나방이 불에 뛰어들 듯,
쓸데없는 욕심에 끄달려 스스로 불구덩이에 들어가지 말고
하루빨리 마음을 가다듬어 선의 경지에 들어서야 할 것이
다. 그런 의미에서 승찬대사의 신심명은 그 가르침의 정점
에 있는 법어라고 하겠다.

불기 2568(2024)년 정월

대한불교조계종 총무원장 **진우** 합장

차례

○

• **서문** — 005

01. 깨달음은 분별하지 않는 것 — 017

02. 사랑함도 없고 미워함도 없다 — 023

03. 털끝만큼의 분별심을 버리면 — 028

04. 시비 분별은 결국 나의 몫 — 033

05. 거스름과 따라감 모두 내가 만든 마음의 병 — 038

06. 내가 너를 분별하니, 너도 나를 시비하는구나 — 043

07. 얻을 것도 잃을 것도 없고, 모자람도 남음도 없다 — 048

08. 내 것이라는 생각을 하지 않으면 전부 내 것이 된다 — 053

09. 빈 마음에도 머물지 말라 — 058

10. 이것을 봐도 그렇구나, 저것을 봐도 그렇구나 — 064

신심명 강설   9

11. 나쁜 일은 우연히 생기지 않는다   — 069

12. 분별하는 마음을 내려놓으면 마음은 한결같다   — 074

13. 이것과 저것의 분별을 떠나야 한숨 쉬지 않게 된다   — 079

14. 놓고 놓으면 모든 것이 해결된다   — 084

15. 생각과 말, 감정의 파도를 어찌할까   — 090

16. 말과 생각이 끊어지면 통하지 않으리오   — 093

17. 고락 시비 분별 말고 중도를 행하라   — 097

18. 분별의 마음을 없애는 것이 나를 편안하게 만드는 것   — 103

19. 제 그림자를 보고 울고 웃네   — 108

20. 오직 분별하는 마음을 쉬게 하라   — 113

21. 분별의 견해에 머물지도 말고 좇아가지도 말라   — 117

22. 따지기만 한다면 본래 마음을 잃게 된다   — 122

23. 둘은 하나로 말미암아 둘이 된다   — 126

24. 한 생각을 내지 않으면 고민이 없어진다   — 131

25. 기쁨의 마음을 내지 않으면 슬픔이 오지 않는다   — 136

26. 불편한 마음, 편안한 마음이 따로 없다   — 142

27. 걱정하는 습관이 걱정을 부른다   — 147

28. 본래 있지도 않았고, 없지도 않았다 — 153

29. 걱정 근심 뿌리 자르는 법 — 158

30. 즐거움이 괴로움의 과보를 낳는다 — 162

31. 깨달음은 쉬움도 없고 어려움도 없다 — 167

32. 급하게 서두를수록 더욱 늦어진다 — 173

33. 집착하면 삿된 길로 들어간다 — 178

34. 본래 본바탕은 가거나 머무름이 없다 — 184

35. 묻지도 따지지도 말라, 있는 그대로가 중도요 평온이다 — 190

36. 생각은 생각을 낳아 꼬리를 물게 한다 — 194

37. 정신이 피로하고 어지럽다면 욕심 때문이다 — 199

38. 좋고 싫은 감정의 업을 다스려야 싫은 대상이 사라진다 — 203

39. 즐거움과 괴로움이 없으면 그것이 깨달음이다 — 208

40. 어리석은 사람은 스스로를 얽어맨다 — 213

41. 스스로 좋아하고 스스로 집착한다 — 218

42. 마음을 가지고서 마음을 찾다 — 224

43. 깨달으면 좋고 나쁨이 없다 — 229

44. 분별심을 없애면 그대로 극락이다 — 234

45. 허깨비 같고 헛꽃 같은데, 왜 잡으려 하는가 — 239

46. 얻고 잃음과 옳고 그름을 한순간에 놓아라 — 244

47. 잠들지 않으면 꿈은 사라진다 — 248

48. 만법이 한결같다 — 252

49. '이렇게 꼭 해야지' 하는 마음을 놓아라 — 257

50. 너도 너의 업이요, 나도 나의 업이다 — 263

51. 더 잘되기를 바라는 마음은 더 못되기를 바라는 것과 같다 — 269

52. 움직임과 그침은 한 몸이다 — 274

53. 되면 되는대로, 안되면 안되는대로 — 279

54. 좋고 나쁨, 옳고 그름을 분별하지 말라 — 283

55. 좋은 것은 나쁜 것을 낳고, 옳은 것은 그른 것을 낳는다 — 288

56. 해 뜨는 것을 의심하지 않듯이 — 293

57. 머물지 않으니 기억할 만한 것이 없다 — 298

58. 애써 마음을 힘들게 하지 않는다 — 305

59. 싫고 나쁜 것을 없애려면 좋은 것도 없어야 한다 — 310

60. 남도 없고 나도 없다 — 316

61. 오직 둘 아님만을 말하라 — 322

62. 손바닥과 손등이 한 몸이듯 — 327

63. 태어나면 반드시 죽고, 올라가면 반드시 내려온다 — 332

64. 한 생각이 곧 만년이다 — 337

65. 온 세상이 바로 눈앞이다 — 342

66. 지극히 작은 것이 곧 큰 것과 같다 — 348

67. 가장 큰 것이 작은 것과 같다 — 353

68. 있음이 곧 없음이요, 없음이 곧 있음이다 — 358

69. 괜한 트집으로 괴로움을 자초하지 말라 — 363

70. 눈과 귀는 서로 다투지 않는다 — 369

71. 있는 그대로가 편안함이다 — 374

72. 끄달리면 고통이요, 받아들이면 안락이다 — 380

73. 분별하는 마음의 업을 바꿔라 — 387

부록 • 신심명 원문 및 해석 — 395
      • 신심명 전문 — 410

총무원장 진우스님은… — 414

신심명 강설

——

信心銘 講說

——

깨달음은
분별심을
버리는것

01

깨달음은 분별하지 않는 것

至道無難
지 도 무 난
唯嫌揀擇
유 혐 간 택

깨달음은 어렵지 않으니
오직 분별함을 싫어할 뿐이다

송頌 좋은 게 좋은 것이 아니고
나쁜 게 나쁜 것이 아니니
좋은 것은 나쁜 것을 낳게 되고
나쁜 것은 좋은 것을 낳게 되나니
다만, 시절 인연에 따라
번갈아 나타난다.

강설　여기서 도라는 것은 중도를 뜻한다. 중도는 본래의 마음으로 돌아간다는 것이니 이는 분별하지 않는 마음을 가리킨다. 이것을 선택하면 저것이 생겨난다. 좋은 것을 선택하면 싫은 것이 나타나고 삶을 선택하면 죽음이 생겨나는 것이니, 오직 간택하고 선택하지 않으면 바로 도 즉, 성불을 한다는 뜻이다.

분별하는 마음이 있으면 중생이고, 분별하는 마음이 없으면 그대로 부처이다. 그래서 도를 이루어 부처가 되는 것은 분별하는 마음만 없애면 되는 것이니, 이보다 더 쉬운 것이 어디 있겠는가. 그러나 분별의 마음을 없앤다는 것은 이치로는 세수하다 코 만지기보다 쉽게 생각되나, 현실적으로 지극히 어려운 것이다. 따라서 부단한 정진을 통해 닦아 나가야 할 숙제라 할 것이다.

분별이란 과연 무엇일까? 한마디로 고락의 감정을 가리키는 말이다. 감정은 크게 나누어서 두 가지 종류라 하겠다. 좋은 감정과 싫은 감정, 즐거운 감정과 괴로운 감정, 기쁜 감정과 슬픈 감정, 행복한 감정과 불행한 감정인데 이것을 통틀어 고락이라고 한다. 말을 하면서도 고락의 감정이

생기고, 몸을 움직이면서도 고락의 감정이 일어나며, 생각을 하면서도 고락의 감정이 묻어 있다.

그런데 감정은 공식이 있다. 이를 인과의 법칙이라 한다. 한 번 즐거우면 한 번 괴롭게 되고, 100그램의 기쁜 감정을 느꼈으면 언젠가는 100그램의 슬픈 감정을 느끼게 되어 있다. 한 번 태어나는 기쁨을 가졌으면 한 번 죽어야 하는 슬픔의 감정을 느끼게 되어 있다는 말이다.

따라서 무슨 일을 어떻게 하든지 고락의 감정이 생기기 마련이다. 모든 중생은 즐거운 감정과 기쁜 감정, 행복하고 기분 좋은 감정을 갖기 위해 끊임없이 생각하고 움직인다. 또 괴로운 감정과 슬픈 감정, 불행하고 기분 나쁜 감정을 피하기 위해 끊임없이 생각하고 행동한다.

그러나 어떤 일을 하고 어떻게 생각하며 어떻게 움직이더라도 고락의 감정을 얻거나 피하려고 하는 행동이므로, 고락 가운데 어느 것을 선택하든 선택하는 만큼의 인과가 생기므로 고락의 과보를 피할 수가 없다. 이것을 고락의 분별이라 하고 따라서 고락의 윤회는 계속되는 것이다.

그러므로 좋고 나쁜, 옳고 그른 시비 고락의 분별심은 그 야말로 아무짝에도 쓸모가 없다. 그럼에도 불구하고 좋네 싫네, 옳으네 그르네 하는 시비의 마음은 고락의 분별로 이어져서 고통과 괴로운 감정이 이어지게 되므로, 이를 벗어나는 길이 곧 중도의 길이고, 부처가 되는 길이다.

따라서 일상 생활에 있어서 즐거운 감정을 선택하려고 행동한다거나, 괴로운 감정을 피하려고 행동하는 것은 곧, 인과의 과보로 인해 계속적인 고통과 괴로움을 낳게 될 뿐이다. 절대로 싫다거나 좋다거나 하는 감정을 일으켜서는 안되는 것이니 참으로 난망하기 그지없는 노릇이다. 그래서 스님들은 죽음을 각오하고 고락의 감정에서 벗어나려고 수행하는 것이다.

때문에 기분을 좋게 하기 위한 탐진치(貪嗔痴 탐욕, 성냄, 망상) 삼독심은 영원히 괴로움을 낳고 사는 중생의 마음이요, 기분을 좋게 하기 위한 선택을 하지 않는 이는 영원히 괴로움에서 벗어나는 수행자라 하겠다. 결국 선택은 자기의 몫이다.

至道無難(지도무난)

唯嫌揀擇(유혐간택)

깨달음은 어렵지 않으니

오직 분별함을 싫어할 뿐이다

○

至(지)이를지 道(도)길도 無(무)없을무 難(난)어려울난

唯(유)오직유 嫌(혐)싫어할혐 揀(간)가릴간 擇(택)가릴택

02

사랑함도 없고 미워함도 없다

但莫憎愛
단 막 증 애

洞然明白
통 연 명 백

다만 미움과 사랑을 그치면

명백하고 당연히 통하리라

송頌   무조건 좋고 나쁜,

옳고 그름에 집착하면

고락과 증애(憎愛)에서

벗어날 길이 없으니

기도와 참선, 정진의 힘을

빌려야 하네.

강설 감정을 지니고 있는 중생을 유정(有情)이라 했다. 유정은 끊임없이 좋은 감정을 가지려고 하고 얻으려고 하는 업으로 말미암아, 싫은 감정이 그림자처럼 따라붙게 된다고 하였다. 중생은 누구나 할 것 없이 싫고 괴로운 감정을 멀리하려 하며, 좋고 즐거운 감정을 얻으려 찰나 찰나 욕심을 부리게 된다. 하지만 좋고 즐거운 감정을 얻고자 하는 데 방해되는 것이 나타나면 곧바로 화가 치밀어 오르고 성을 내게 된다.

참는 것 또한 더 괴로운 감정을 피하려는 작전상 후퇴의 방편이거나, 더 큰 즐거운 감정을 얻기 위한 수법의 일환에 불과하다. 참는다고 감정이 사라지거나 없어지는 것은 아니기 때문이다. 배가 고프면 고통스러운 감정이 생기기 때문에, 배를 채워서 고통의 감정을 피하는 동시에 즐거운 감정을 가지려 한다. 따라서 이 두 가지 상반된 감정은 동전의 양면과 같이 한 몸체인 것이다.

한쪽의 감정을 없애면 나머지 다른 또 한쪽의 감정은 저절로 사라지게 된다. 몸체가 없으면 그림자도 없고, 앞이 없으면 뒤 또한 없는 것과 같다. 인간과 모든 중생의 움직임은 이러한 좋은 감정을 가지려고 하는 동시에, 싫은 감정을 멀리하려는 의지가 있다. 이는 숙업(宿業 잠재의식)에서 나오는 행동들이다.

그러므로 그 누구를 막론하고 작은 행동이나 큰 행동이나, 이 일을 하거나 저 일을 하거나, 좋은 일을 하거나 나쁜 일을 하거나, 그 어떤 행동을 하더라도, 문제는 작은 즐거움은 작은 괴로움의 과보를 낳고, 큰 기쁨은 큰 슬픔의 인과를 낳으며, 100그램의 행복은 100그램의 불행을 업보로 낳게 된다는 사실이다.

다만 각자의 업식에 따라 고락의 인과를 받는 시간이 다르게 된다. 어떤 이는 큰 슬픔의 업보를 받는 시간에 어떤 이는 큰 기쁨의 업보를 받고 있고, 어떤 이는 태어나는 즐거움의 업보를 받는 데 비해 어떤 이는 죽어가는 업보를 받아 고통의 감정을 갖게 되는 것처럼, 각자가 받는 고락의 감정을 받는 업보가 서로 다를 뿐이다.

그러니 이 두 가지의 감정이 모두 말끔히 사라져야 비로소 중도의 통연(洞然)에 들어서서 완전하고 명백한 본래의 자리로 돌아가게 된다. 그리하여 시간과 공간이 전혀 다른 극치의 어떤 곳에 도달하게 된다. 이를 피안(彼岸)이라 하기도 하고, 니르바나 즉, 열반이라 하기도 한다.

부모 자식이나 가족, 친지, 친구, 이웃, 민족 등의 인간관계에 있어서 정이란, 바로 나의 감정을 좋게 하기 위한 대상들에 불과하다. 부모는 부모 대로, 자식은 자식 대로, 가족은 가족 대로, 고락의 업은 스스로 각자가 자업자득한다. 그러므로 만약 부모는 자식의 행복을 위해 최선을 다한다고 생각하겠지만, 따지고 보면 부모 자신의 감정을 좋게 하기 위해 자식이라는 대상을 선택했을 뿐이다.

어떻든 감정을 가진 중생은 감정의 프레임에 걸려서 다람쥐 쳇바퀴 돌듯 생로병사와 희로애락을 반복하여 거듭할수밖에 없다. 이러한 육도(六道 천상, 인간, 수라, 지옥, 아귀, 축생)의 틀에서 벗어나려면 감정 자체를 없앨 수 있는 중도의 길을 찾아야 한다.

우선 그 길이란, 매사에 있어서 감정의 속성을 잊지 말고 감정을 일으키지 않는 연습과 노력을 해야 한다. 그렇게 하려면 고락의 인과에 대한 철저하고 확고한 믿음, 신심을 가지고 일희일비(一喜一悲)하는 버릇을 고쳐 여여한 마음을 갖도록 해야 한다.

그리하여 무조건 좋고 나쁜, 그리고 옳고 그름에 집착하지 않아야 하며, 바로 단막증애(但莫憎愛)가 되어야 한다. 그렇지 않으면 고락과 증애(憎愛)에서 벗어날 길이 없으니, 마냥 중생의 삶에서 윤회고(輪廻苦)를 탈출하지 못한다. 그러니 반드시 기도와 참선, 보시와 정진의 힘을 빌려야 한다.

但莫憎愛(단막증애)
洞然明白(통연명백)
다만 미움과 사랑을 그치면
명백하고 당연히 통하리라

○

但(단)다만단 莫(막)없을막 憎(증)미워할증 愛(애)사랑애
洞(통)밝을통 然(연)그럴연 明(명)밝을명 白(백)흰백

03

털끝만큼의 분별심을 버리면

毫釐有差
호 리 유 차

天地懸隔
천 지 현 격

털끝만큼 차이가 있으면
하늘과 땅만큼 간격이 벌어진다

송頌   좋다고 하는 생각을 멈추면
좋지 않다고 하는 것 또한
생겨나지 않게 되므로,
이런 것이든 저런 것이든
그냥 그대로 인연이 흐르는
모습만 그저 바라볼 뿐…

강설　　　여기서 유차(有差) 즉, 차이를 주목해야 한다. 차이가 있다는 것은 이것과 저것의 분별을 말하는 것이다. 여기서도 역시 유차의 의미인 분별을 논하고자 한다.

따라서 하나를 선택하면 다른 반대의 하나가 또 생기기 때문에, 이러한 상반된 두 가지가 수천수만 가지의 분별을 낳게 되고 끝없는 분별이 생김으로써 계속하여 하늘과 땅만큼의 차이가 벌어진다는 의미다.

좋은 것을 선택하고자 싫은 것을 멀리하게 되고, 또 싫은 것을 멀리하려니 고통과 괴로움이 따르면서 끝없이 고락의 인과를 반복함으로써 결국 크게 간격이 벌어지게 된다는 것이다. 터럭만큼의 분별심이 있으면 터럭만큼의 고락이 생기게 되는데, 이렇게 작은 욕심이 점점 더 많이 생기다 보면 수천수만 가지 욕심이 생기게 된다. 그리하여 천지를 삼키려는 욕심으로 인해 하늘 땅만큼의 고락의 인과가 생김으로써 천지만큼의 고통과 괴로움의 과보를 받게 된다.

그렇다면 털끝만큼의 분별심을 없애야만 하늘 땅만큼의 분별심을 막을 수가 있는데, 이러한 분별심을 없앤다는 것은 참으로 어려운 일이 아닐 수 없다. 과연 어떻게 해야 분별심을 없앨 수 있을까?

가장 좋은 방법은 방하착이다. 즉, 곧바로 생각과 감정을 놓아버리는 것이다. 일단 인과를 믿는 신심(信心)을 굳게 가져야 방하착이 가능하다. 지금까지 수없이 설명했듯이, 좋은 것을 하나 얻으려고 하거나 혹여 얻었다면, 나쁜 것 하나가 이미 생겨났다는 것을 알아야 하고, 언젠가는 나쁜 것 하나가 반드시 나타나 과보를 받게 된다는 사실을 각오해야 한다.

부자이건 빈자이건, 명예가 높건 명예가 없건, 잘 생겼건 못 생겼건, 큰일을 하건, 작은 일을 하건, 늙은이건 젊은이건, 여기에 살건 저기에 살건, 보살행을 하건 도둑질을 하건, 살아있는 이건 죽은 영혼이건, 고락의 인과는 누구나 같은 것이므로 시간과 장소를 불문하고 누구나 차이가 없이 나타난다.

다만 분별심이 작은 사람은 작은 인과의 고통을 받고, 분별심이 큰 사람은 인과의 고통을 크게 받는다. 즉, 원하는 것이 없는 사람은 인과의 고통이 없다. 그러므로 원하는 것이 크고 작음에 따라 크고 작은 인과의 고통을 받게 된다.

사람들이 가장 착각하는 것은 이렇게 되어야 좋고 저렇게 되면 좋지 않다고 하는 생각이다. 세상의 모든 것은 인과의 인연 따라 저절로 스스로 움직이는 것이므로, 이렇게 되든 저렇게 되든 상관할 일이 아닐뿐더러 상관해서도 안된다.

이렇게 되면 좋다고 생각하면 좋다고 생각하는 분별심으로 인해 좋지 않다고 하는 것이 저절로 생겨나는 것이므로, 순전히 나의 생각으로써 나 스스로 좋고 나쁜 고락의 인과를 받게 되는 것이다. 그러므로 좋다고 하는 생각을 멈춘다면 좋지 않다고 하는 것 또한 생겨나지 않게 된다. 이런 것이든 저런 것이든 그냥 그대로 인연이 흐르는 모습만 그저 바라볼 뿐, 분별심을 내지 않는 것이 진정한 불자의 마음이다.

세상의 모습이나 인간의 모습은 동서고금을 통해 더 좋아지거나 더 나빠지거나 하지 않았으며 앞으로도 그러할 것이다. 좋고 나쁘게 생각하는 내 마음만 인과의 파도가 출렁일 뿐이다. 따라서 어떤 말을 하고, 어떤 생각을 하며, 어떤 행동을 하더라도 '좋다 싫다, 옳다 그르다'라는 생각이나 감정을 가진다면 고락의 인과를 받게 된다.

다만 인연에 따라 주장을 할 수도 있고, 고집을 피울 수도 있고, 화를 낼 수도 있고, 웃고 울고 할 수도 있다. 설사 그렇게 행동을 한다 하더라도 생각이나 감정을 얹지만 않는다면 그나마 분별심을 내지 않고 중도의 마음을 가질 수 있는 길이 열릴 것이다.

오늘은 절대 감정을 얹지 않고 분별하는 생각을 놓아버리는 방하착 하는 날이 되기를….

毫釐有差(호리유차)
天地懸隔(천지현격)
털끝만큼 차이가 있으면
하늘과 땅만큼 간격이 벌어진다

○

毫(호)가는털호　釐(리)다스릴리　有(유)있을유　差(차)어긋날차
天(천)하늘천　地(지)땅지　懸(현)매달현　隔(격)사이뜰격

04

시비 분별은 결국 나의 몫

欲得現前
욕 득 현 전

莫存順逆
막 존 순 역

도가 앞에 나타나기를 바란다면
따라가지 말고 거스르지도 말라

송頌   사건 사고가 많다 해도
지나가는 개미에게는 남의 일이듯
세상의 모든 일을 다 간섭할 능력이 없다면
세상의 모든 일을 있는 그대로 볼 뿐,
옳다 그르다, 좋다 싫다 시비 분별은
결국 나의 몫이다.

얻으려 하는 도가 내 앞에 나타나기를 진정
코 원한다면, 분별심을 내지 말라는 뜻이다. 여기서 얻으려
하는 것은 바로 중도를 가리킨다. 그렇다면 분별하는 마음
이 없어야 하는데, 어떻게 하면 분별하는 마음을 내려놓을
수 있을까?

'따라가지 말라'는 것은 지금 일어나고자 하는 감정에 끄
달리지 말라는 말이다. 즐겁고 기쁘고 행복하고자 하는 감
정을 따라가면 인과의 과보가 생겨서 괴로움을 당하기 때문
이다.

또 '거스르지 말라'는 것은 보고 듣는 것에 감정을 일으
키지 말고 있는 그대로 보고, 있는 그대로 듣고, 있는 그대
로 받아들이라는 말이다. 그렇게 해야만 중도의 마음이 내
앞에 드러나게 되는데, 못마땅한 불만의 마음과 괴로운 마
음, 고통이 없기를 바라는 마음이 현전(現前)된다는 뜻이다.

이 대목도 역시 분별심을 갖는 것에 대한 경계의 내용이
다. 분별심을 갖지 않아야 중도의 마음이 나타나게 된다.
그러므로 감정을 일으키지 말고 있는 그대로 보고 받아들

이는 습관을 가져야 한다. 몸이 좀 피곤하고 고단할 때는, 짜증을 내면서 기분 나빠할 것이 아니라, '내가 편안하고 활발한 때 즐겁고 편안한 감정을 가진 때가 있었기 때문에 그 인과의 과보가 이렇게 나타나는구나' 하고 생각하면서 그대로 받아들여야 한다.

아플 때도 마찬가지이다. '건강한 몸으로 즐겁고 행복한 감정을 가진 때가 있었기 때문에 인과의 과보로써 아픈 감정의 마음을 갖게 되는구나' 하고 아픔을 그대로 받아들여야 한다. 상대와의 시비 다툼으로 인하여 속이 많이 상할 때도, '그동안 사람들과 좋은 관계를 맺어 즐겁고 기쁜 감정을 가졌던 인과로 인해 그만큼의 속상한 과보로써 기분 나쁜 시비로 다툼을 하고 있구나' 하고 마음을 얼른 추스려야 한다.

또 남에게 돈을 떼이거나 잃어버리는 일이 생겨서 기분이 몹시 나쁘다면, '언젠가 내 손에 돈이 들어왔을 때 기분이 몹시 좋았던 때의 인과로 인해 이러한 과보가 생기는구나' 하고 고락의 인과를 생각하면서 감정을 일으키지 말고 얼른 잊어야 한다.

따라서 모든 것은 내가 좋았던 만큼의 고락 인과로 인해 좋지 않은 인과의 과보를 받게 되는 것이다. 감정의 인과는 한 치 오차 없이 나타나기 마련이다. 따라서 기분이 좋지 않고 속 상하는 일이 생길 때마다 지난 과거의 좋았던 때의 대가가 지금 나타나는 것이라 생각하고 얼른 속상한 마음을 접고 잊어야 한다.

　좋은 일로 인해 기분이 좋아지는 것도, 나쁜 일로 인해 기분이 나빠지는 것도, 이 모두가 고락 인과의 과보로써 생기는 것들이다. 어떤 대상을 만나더라도, 어떤 기막힌 일이 생기더라도, 감정에 휘둘려 따라가지 말고, 또 나타난 일에 대해 거스르지 말고 그대로 받아들일 줄 아는 습관을 반드시 길러야 한다. 그렇게 될 때 머지않아 중도의 마음을 갖게 될 것이다. 기도와 참선, 보시와 정진은 중도의 마음을 갖는 지름길이 된다.

欲得現前(욕득현전)

莫存順逆(막존순역)

도가 앞에 나타나기를 바란다면

따라가지 말고 거스르지도 말라

○

欲(욕)하고자할욕 得(득)얻을득 現(현)나타날현 前(전)앞전

莫(막)없을막 存(존)있을존 順(순)순할순 逆(역)거스를역

거스름과 따라감 모두 내가 만든 마음의 병

違順相爭
위 순 상 쟁
是爲心病
시 위 심 병

거스름과 따라감이 서로 다투는 것

이것이 마음의 병이다

송頌   두 가지 상쟁하는 마음은

결국 내가 만드는 고락의 업이라는 것을

항상 상기하며 중도의 마음을

유지하도록 마음을 추스려야 한다.

강설　　　위(違)는 어긴다는 뜻으로 즐거운 마음에 어긋나니 기분이 나빠진다는 것이다. 순(順)은 따른다는 뜻으로 내 마음에 맞는다는 말이다. 위와 순을 예로 설명하면, 음식을 좋아하는 것은 마음의 즐거움을 따라가는 것이니 순이 되고, 음식을 싫어하는 것은 마음의 즐거움을 거스르고 괴로움을 따라가는 것이니 위가 된다.

비위에 거슬리는 것과 비위에 맞는 것이 싸우게 되면 그것이 곧 마음의 병이 된다. 좋고 싫은 모순에서 일어나는 갈등들을 한마디로 표현하여 위순상쟁(違順相爭)이라 하고 이를 마음의 병, 심병(心病)이라 하고 화병이라고도 한다.

모두가 무진 애를 쓰며 살아간다. 좋은 것을 따르고 싫은 것을 거스르려고 하는 것이다. 이 두 가지 마음이 항상 상쟁(相爭)하면서, 고락의 인과가 짧게 또는 길게 작동하는 모습으로 나타난다. 운동경기를 하거나 게임을 하거나 무언가에 푹 빠졌을 때는 고락의 감정이 격렬하게 생멸 윤회하고 있는 상태라는 말이다.

어떤 사건에 연루가 되었다고 하자. 그때 각자가 가지고 있는 고락 감정의 인과가 이 사건으로 말미암아 작동하는 것이다. 따라서 사건 자체는 공업(共業)의 일환일 뿐이고, 엄밀히 말하면 개개인의 고락 업으로 귀착되는 것이다. 그러므로 고락의 분별심을 내지만 않는다면, 사건을 사건으로 보지 않고 객관적으로 하나의 인과 인연으로 볼 뿐이다.

어떤 일련의 사태가 있다고 하자. 복잡한 사정들이 혼재하여 몹시 마음이 혼란스러울 법도 하지만, 인과 인연의 흐름으로 보고 시비의 마음을 놓아버리면 된다. 사람들이 이런저런 얘기를 하며 갑론을박을 하는 것을 두고 고락 시비의 마음이 드는 순간 이 또한 인과의 흐름이려니 생각하고 이를 보는 불편한 마음까지 내려놓는다.

이렇듯 두 가지 상쟁하는 마음은 결국 내가 만드는 고락의 업이라는 것을 항상 상기하며 중도의 마음을 유지하도록 마음을 추스려야 한다. 하나의 사건 또는 대상을 바라볼 때, 그 사건 그 대상이 문제가 아니라, 이를 보는 각자의 고락 업이 문제이기 때문이다. 사건이 불편한 것이 아니고 사건을 불편하게 보는 사람이 불편한 업을 가지고 있기 때문이다.

자기 자신의 삶을 '있는 그대로' 보지 못하게 하고 항상 '둘'로 보이게 한 다음 하나는 버리고 다른 하나는 취하게 하는 마음의 병, 그것은 바로 '이원성(二元性)'이라는 병이다. 우리의 마음은 언제나 이 병에 걸려 있다.

　지금 이 순간 우리 안에서 경험하는 모든 것은 다만 '있는 그대로'일 뿐이다. 그와 같은 이원의 범주 안에 들어가지 않음에도 이원성이라는 우리 마음의 병은 눈앞을 가로막아 '있는 그대로'의 실상을 보지 못하게 한다. 우리 자신을 매 순간 '가려서 택하게' 함으로써 언제나 나를 힘들게 하고 메마르게 하므로, 내 마음 안에서 반드시 치유되고 사라져야 한다.

　승찬스님은 처음부터 끝까지 오직 그 '치유의 길'만을 이 〈신심명〉 속에서 거듭거듭 강조하며 가리켜 보여주고 있다. 그렇기에 우리는 다만 승찬스님께서 가리키는 그 '길'을 따라가기만 하면 된다.

違順相爭(위순상쟁)

是爲心病(시위심병)

거스름과 따라감이 서로 다투는 것

이것이 마음의 병이다

○

違(위)어길위　順(순)따를순　相(상)서로상　爭(쟁)다툴쟁

是(시)옳을시　爲(위)할위　心(심)마음심　病(병)아플병

06

내가 너를 분별하니, 너도 나를 시비하는구나

不識玄旨
불 식 현 지

徒勞念靜
도 로 염 정

현묘한 뜻은 알지 못하고

공연히 생각만 고요히 하려고 애쓴다

송頌 너는 그렇게 생겼구나.

너는 그렇게 나타나는구나.

내가 너를 시비 분별없이 대하면

너도 나를 그렇게 대하는구나.

강설   이 대목은 상당히 고난도의 내용이다. 현지(玄旨)란, 현묘(玄妙)한 뜻을 말하는 것이니, 현묘란 가물가물하여 분간하기가 매우 어려운 경지를 말한다. 그래서 그 뜻을 알지 못하고 그저 생각만 시끄럽지 않기 위해 애쓴다는 뜻이다.

그렇다면 여기서 말하는 현지란 도대체 어떤 것을 말하는 것일까? 그 답은 뒤에서 말하는 염정(念精) 즉, 고요한 생각에서 찾아야 한다. 고요한 생각을 갖고자 함은 바꾸어 말하여 지금 마음이 시끄럽다는 증거이다. 간단히 말하자면 시끄럽다는 생각을 하지 않으면 고요함을 찾을 필요가 없게 된다.

따라서 현지라는 뜻은 분별하는 마음이 없는 상태를 가리키는 것이다. 말을 하면서도 분별하지 않고, 생각을 하면서도 분별하지 않으며, 몸이 움직이면서도 분별하지 않는 즉, 신구의(身口意) 삼업(三業)을 분별하지 않는 마음이다.

그리하여 내가 보고 듣고, 말하고 생각하는, 일체의 모든 것이 분별없는 그대로가 모두 현묘 그 자체이니, 따지고 말고 할 필요가 없는 것이다. 그렇다면 어떻게 분별하지 않고 말을 할 수가 있으며, 어떻게 분별하지 않고 생각과 행동을 할 수 있다는 말인가?

우선 말을 하거나, 생각을 하거나, 몸을 움직일 때, 감정을 넣지 않는 것이 중요하다. 감정은 곧 고락의 인과를 낳아서 좋고 나쁜 업식(業識 DNA)이 반복하기 때문이라 했다. 이러한 고락의 감정이 계속 들락거리다 보면 마음이 시끄럽다는 것을 느끼게 되고, 곧 고요함을 찾으려는 마음이 생기게 된다.

그렇다면 고요한 생각을 무조건 갖는다 하여 마음이 고요해질 수 있을 것인가? 오히려 고요함의 인과로 인해 고요한 가운데서도 금세 시끄러운 고락의 마음이 생기게 된다. 그러므로 신구의 삼업 즉, 말을 하거나 생각을 하거나 행동을 할 때, 아무런 감정을 드러내지 않게 되면, 탐진치 삼독심이 생기지 않게 되어 분별심이 사라지게 된다.

이러한 상태를 가리켜서 현(玄)이라고 한다. 이렇게 현이라는 뜻을 분명히 알게 되면 시끄러움이 저절로 사라지게 되어 고요함을 찾을 필요가 없게 된다. 무조건 고요함을 찾는 것은 휴대폰을 들고 휴대폰을 찾는 것과 진배없다.

또 감정을 일으키지 말라는 것은 인과의 과보를 받기 때문이니, 지금까지 지겹도록 설명하고 강조한 것처럼 무슨 일을 하며 어떻게 살아가든, 또 언제 어느 곳에 있든, 어떤 모양의 몸으로 태어나든, 누구를 만나든, 그 상대들은 나의 고락 감정의 업을 나타나게 하는 대상들일 뿐이다.

때문에, 나의 고락 업식이 들락날락하는 업연(業緣)에 의해, 이런 상대 저런 대상, 그리고 이런 일, 저런 일, 온갖 것을 만나게 되고 시비 분별을 반복하게 된다. 따라서 나의 업인 고락이라는 감정을 잠재우기만 하면, 누구를 만나든, 어떤 상태로 살아가든, 우주가 사라지고, 하늘이 무너지며, 온 세상 모두 불에 타고 물에 휩쓸려 가더라도 나의 마음은 항상 고요하고 적멸하여, 늘 피안과 열반, 현묘한 고요함에서 노닐게 될 것이다.

따라서 일상을 살아가면서 이런 일 저런 일 온갖 일들 속에서도 고락의 인과를 철저히 믿어 의심치 않는다면, 감

정의 분별심을 전혀 갖지 않게 되는 날이 오게 된다. 그럼에
도 불구하고 상대와 대상을 만날 때마다 시비 분별의 감정
이 일어난다면, 순전히 고락인과에 대한 신심이 부족한 탓
임을 자각하고, 늘 감정을 살펴 감정이 일어날 때마다 참회
하면서, 틈만 나면 기도와 참선, 보시와 정진을 곁들여야
할 것이다.

不識玄旨(불식현지)
徒勞念靜(도로염정)

현묘한 뜻은 알지 못하고
공연히 생각만 고요히 하려고 애쓴다

○

不(불)아닐불　識(식)알식　玄(현)검을현　旨(지)맛있을지
徒(도)무리도　勞(로)일할로　念(염)생각염　靜(정)고요할정

07

얻을 것도 잃을 것도 없고, 모자람도 남음도 없다

圓同太虛
원 동 태 허
無欠無餘
무 흠 무 여

둥글기가 큰 허공과 같아서
모자람도 없고 남음도 없다

송頌   본래는 얻음도 잃음도 없으니,
억지로 얻음으로 쉽게 잃게 되는 것.
본래는 걸릴 것이 없는 자유였으나,
스스로 남기려 하니 항상 모자라다.

태허(太虛)라는 의미는 주로 크게 비어 있다는 뜻으로 해석되나, 비어 있기 때문에 걸림이 없다는 의미의 뜻이 더 정확하다 하겠다. 너무나 걸림이 없음으로 이를 원융(圓融)이라 표현한다. 둥글고 화(和)하며 밝다는 의미인데, 걸림이 없으니 부딪치지 않아서 화하고, 어둡지 않아 뚜렷이 잘 보인다는 말이다.

그러므로 더하고 뺄 것이 없고, 모자람도 남음도 없다는 것이다. 물론, 깨달은 마음 상태에서의 모습이 이렇다는 것이다. 그렇다면 본래의 마음이 이러할진대, 우리가 생각하고 감정을 일으키며 시비 분별하는 마음은 무엇일까? 한마디로 달밤에 체조하듯, 도깨비에 홀려 밤새 허우적대듯, 꿈속이 마치 현실인 양 생사고락하며, 홀로 울고불고 땀을 흘리는 경우와 무엇이 다를 것인가.

수만 년의 역사를 이어온 인간의 삶이라지만, 무엇을 얻고 무엇이 남았으며, 생사고락에서 벗어난 이가 과연 몇이나 된단 말인가. 그러니 본래 걸릴 것도 없었고 남을 것도 모자랄 것도 없었으니 다만, 나홀로 좋고 나쁨과 옳고 그름, 나고 죽는 모양의 인과를 스스로 만들어 짓고 스스로 사라지게 했다. 인과의 허상에서 이고 지고 고락 분별로 살아갈 뿐이다.

이러한 허상의 인과를 거듭하며 시비 분별하는 업의 굴레에서 벗어나는 것을 깨달음이라 한다. 이러한 허상의 마음을 깨치고 보면 원동태허(圓同太虛) 무흠무여(無欠無餘)가 그대로 실현된다는 것이다.

따라서 삶에 있어서 좋고 싫은 분별의 감정이 계속적으로 악순환하며 고락 인과를 만들어 낸다. 즉, 온갖 일들과 갖은 대상들을 대할 때마다 인과에 의한 고락의 감정으로 마음을 복잡하게 하니, 결국 고락 분별의 감정을 일으키지 않게 하는 것이 유일한 해결책이라 할 수 있을 것이다.

문제는, '이렇게 되어야지' 하는 분별심 때문에, 만약 마음먹은 대로 이렇게 되지 않으면 화가 나면서 마음이 불편하게 된다. 이럴 때는 '이렇게 되어야지' 하는 마음을 내지 않는 것이 가장 좋기는 하다. 그러나 설사 '이렇게 되어야지' 하는 바람을 가진다 하더라도, 만약 뜻대로 이렇게 되지 않았을 때는, 얼른 인과의 과보라 생각하여 화를 내거나 불편한 마음을 일으키지 말아야 한다.

때로는 얻고 때로는 잃게 되는 것이 인과의 법칙이다. 무엇을 얻었을 때 즐거운 마음의 인과로 인하여 괴로운 마음의 과보가 반드시 생겨나기 마련이다. 이때 잃어버리는 일이 발생하게 된다는 것을 깊이 살펴 깨달아야 한다.

마찬가지로, 내가 원하는 대로 되지 않아 화나는 일이 생기는 것은, 내가 원하는 대로 일이 잘되었을 때 흡족하고 기쁜 마음을 가졌던 때의 과보라는 것을 얼른 깨달아서 화내거나 불편한 마음을 갖지 말고 그대로 받아들일 줄 아는 여유를 가져야 한다.

따라서 무흠무여(無欠無餘) 즉, 본래 얻을 것도 잃을 것도 없고, 남음이나 모자람이 없는 것이다. 그런데도 억지로 얻으려 한 과보로 인해 당연히 잃게 되는 일이 생기게 되고, 억지로 남기려 하는 과보로 인해 당연히 모자라게 되는 일이 생긴다는 것을 깊이 깨달아야 한다.

그리하여 득실(得失)이나 흠여(欠餘)에 마음이 끄달려 스스

로 인과의 업을 지어서 스스로 고통과 괴로움을 당하게 된
다는 것이다. 그럼에도 불구하고 마음을 돌이키지 못한다
면, 반드시 기도와 참선, 보시와 정진의 힘으로 이를 이겨
나가야 할 것이다.

圓同太虛(원동태허)
無欠無餘(무흠무여)
둥글기가 큰 허공과 같아서
모자람도 없고 남음도 없다

○

圓(원)둥글원 同(동)한가지동 太(태)클태 虛(허)빌허
無(무)없을무 欠(흠)모지랄흠 無(무)없을무 餘(여)남을여

08

내 것이라는 생각을 하지 않으면 전부 내 것이 된다

良由取捨
양 유 취 사

所以不如
소 이 불 여

취하고 버리는 것을 좋아하는 까닭에
마음이 한결같지 않게 된다.

송頌   내 것을 만들려는 생각 때문에
내 것 아닌 것이 생겨나게 되므로,
내 것이라는 생각을 하지 않으면
내 것 아닌 것 없이 전부 내 것이 된다.

강설 　　　취하고 버리려 하는 마음 때문에 마음이 한결같지 않아서 괴로움이 생긴다는 뜻이다. 취할 때는 취하는 것에 거부감을 갖지 말고, 버리게 되는 일을 당했을 때는 버리려는 것에 대해 억울해 하거나 집착하는 마음을 갖지 말고, 한결같은 마음을 가져야 된다는 말이다.

취해지는 것을 억지로 취하려 하지 않거나, 버려야 하는 것을 억지로 버리려 하지 않게 되면, 곧바로 못마땅한 마음이 생기게 된다. 그로 말미암아 화가 나거나 기분이 나빠지게 된다. 이와 같이 마음이 한결같지 않으면 고통과 괴로움이 발생하게 된다.

또 좋은 것은 취하려고 하고, 나쁜 것은 버리려 하는 마음 때문에, 좋고 나쁜 분별심이 생긴다. 하지만 좋은 것은 나쁜 과보를 낳게 되고, 또 나쁜 것은 한 번 생기게 되면 그 업습(業習)으로 말미암아 다음에 또다시 나쁜 것이 반복하여 생기게 된다. 그러므로 그 인과로 인하여 마음이 괴로워지게 된다.

만약 돈이 들어오면 들어올 때가 되었으니 들어오는 것이다. 그럼에도 마음을 들뜨게 하거나, 즐거워서 호들갑을 떨게 된다면, 즐거운 만큼의 과보가 생기게 된다. 따라서 그 인과로 말미암아 돈이 나가게 되는 일이 반드시 발생하게 되는데, 이러한 인과의 도리 때문에 속이 상하게 되는 것이다.

어떤 사람이 나를 칭찬하는 말을 했을 때, 그 칭찬하는 말에 현혹되어 기분이 매우 좋아지고 마음이 즐거워지게 된다. 하지만 이때의 과보로 인해 어떤 사람으로 하여금 나를 비방하게 되는 과보가 발생하게 되니, 기분이 매우 나빠지고 괴로운 마음이 생기게 된다.

그러므로 좋은 일도 좋은 일이라 생각하지 말고 여여한 마음을 가져야 하며, 나쁜 일도 나쁜 일이라 생각하지 말고 여여한 마음을 가져야 하느니, 이와 같은 마음을 중도심이라고 한다. 따라서 좋은 것을 취하려 하는 마음이 생기게 되면 그 인과로 말미암아 나쁜 것이 생기게 되고, 이를 버리려 하는 마음이 또다시 생기게 된다.

취하려고 할 때 취하지 못하면 기분이 나빠지게 되고, 버리려고 할 때 버리지 못하면 이 또한 기분이 나빠지게 된다.

따라서 취사양유로 인하여 마음이 한결같지 않게 되는 것이니, 그 과보로 인해 고통과 괴로움을 당하게 된다.

정리하자면, 들어오는 것은 인과 인연에 따라 반드시 들어오게 되어 있으니, 이를 억지로 취하려고 애를 쓰거나, 나가는 것 또한 인과 인연에 따라 당연히 나가게 되어 있음에도 불구하고, 이를 못 나가게 방해하거나 억지로 막으려 하는 마음 때문에 괴로움이 생기는 것이다.

따라서 취하는 것과 버리는 것에 있어서, 취한다고 좋아하고, 버린다고 싫어하는 마음을 갖게 되면 곧바로, 인과에 걸리게 되고 취사가 자유롭지 못하여 괴로운 마음만 생길 뿐이다. 삶을 살아가는 데 있어서, 취할 때 자연스럽게 취하고, 버릴 때 자연스럽게 버려야 한다. 취하거나 버리는 것에 대해 집착하거나 미련을 가지게 된다면 결국 괴로운 마음만 발생하게 되니 항상 들고 남에 있어서 초연한 마음을 가져야 한다. 진정 취할 것은 취하고 버릴 것은 버리게 하기 위해서는 기도, 참선, 보시, 정진을 우선해야 한다.

良由取捨(양유취사)

所以不如(소이불여)

취하고 버리는 것을 좋아하는 까닭에

마음이 한결같지 않게 된다

○

良(양)좋을양 由(유)말미암을유 取(취)취할취 捨(사)버릴사

所(소)바소 以(이)써이 不(불)아닐불 如(여)같을여

09

빈 마음에도 머물지 말라

莫逐有緣
막 축 유 연

勿住空忍
물 주 공 인

인연을 좇아 가지도 말고

빈 마음에도 머물지 말라

송頌 이렇게 돼야지 하는 마음을 놓고
저러면 안되지 하는 마음을 놓고
이러면 어쩌지 하는 마음을 놓고
저러면 어쩌지 하는 마음도 놓고
방하착하라.

강설　　　　여기서 말하는 인연이란 유위(有爲)의 존재를 말하는 것으로 분별심을 의미한다. 분별심에 대해서는 누차 설명했듯이, 이것이 생기면 저것이 동시에 생기게 되는 것이므로, 취할 것이 생기면 버릴 것도 생긴다는 취사분별을 말한다. 그러니 태어남은 곧 죽음이 생기게 되고, 즐거움이 생기면 괴로움도 같이 생기는 것이므로, 하나를 경험하면 정반대의 다른 하나도 경험하게 되는 것을 분별 인과라 한다. 따라서 좋은 것을 얻으려 하지 않아야 좋지 않은 것도 생기지 않게 된다는 것이니, 이를 중도라 한다. 불자는 자고로 분별심을 떠나 중도를 지향해야 한다.

물주공인(勿住空忍) 즉, 빈 마음에도 머물지 말라는 뜻이니, 이 또한 막축유연(莫逐有緣)과 같은 의미이다. 공이란 비어서 걸림이 없다는 뜻으로, 중도심과 같은 분별없는 상태를 말한다. 그러나 비었다는 것이 생기는 동시에, 비지 않았다는 것 또한 생기게 되는 것이므로, 이 역시 분별을 떠날 수 없는 것이다. 따라서 비었다, 또는 빈 것이라는 생각조차 하지 않아야 진정코 빈 것이 된다. 무생법인(無生法忍) 즉, 생기지 않는 것이 진정한 법인(法忍)이라는 의미와 같다.

이제는 배우고 생각하는 것, 그 이상의 업그레이드를 통해, 일상생활을 하면서 실질적으로 마음을 어떻게 먹어야 하는가 하는 차원으로 넘어가야 한다. 업은 쉽게 지울 수는 없으나 꾸준한 노력과 정진의 힘으로 이를 반드시 극복해야 한다.

아는 것이 많다 하더라도 몸에 배지 않으면 아무 소용이 없다. 따라서 마음을 놓고 분별하지 않는 습을 무조건 길러야 한다. 그렇게 하기 위해서는 순간순간 일어나는 걱정과 근심을 내려놓아야 한다. 이러한 연습과 습관이 몸에 배일 수 있도록 노력해야 한다.

근심 걱정은 욕심의 산물이다. 욕심은 반드시 고락의 인과를 낳는다. 그러므로 고락 인과의 윤회고를 겪지 않으려면 욕심을 버려야 하고, 욕심을 버리려면 분별하는 마음을 놓아야 한다. 분별하는 마음을 놓으려면 순간순간 방하착이라는 화두에만 몰두해야 한다. 이렇게 되든 저렇게 되든 무조건 방하착해야 한다. 이러다가 잘못되면 어떡하지 하는 마음까지 놓아야 한다. 그래도 마음이 놓이지 않으면 고락 인과에 대한 굳은 신심을 가져야 한다.

힘쓰지 말아야 한다. 힘을 써야 일이 성취되지 않느냐는 생각까지 놓아야 한다. '그러다가 잘못되어 더 큰일이 일어나면 어떡하지' 하는 마음까지 놓아야 한다. 백척간두에서 두 발을 떼야 한다. '그래도 다음 일을 걱정해야 잘못되는 일이 덜 생기지 않을까?'라는 생각은 얼마든지 하되 걱정하는 마음을 놓으라는 말이다.

고락의 인과는 얻은 만큼 잃게 되는 것이 만고의 법칙인즉, 이같이 분별하는 마음이 원인이 되고, 고락이라는 결과로 인해 괴로움의 과보를 받게 된다는 것을 항상 잊지 말고 분별하는 마음을 놓아야 한다.

어차피 삶이란 인과 그 자체이니, 한 번 얻었으면 한 번 잃는 과보가 남게 된다. 따라서 언젠가는 잃게 되는 일이 다가올 것이고, 좋은 일이 한 번 생겼으면 그 과보로 인해 언젠가는 나쁜 일이 하나 발생하게 될 것이다. 따라서 바라는 마음이 없으면 절대로 일어나는 일도 없을 것이다. 그럼에도 불구하고 마음에 들지 않는 일이 생긴다면, 그것은 순전히 바라는 욕심을 버리지 못했다는 증거이다.

'이미 차를 같이 타고 가는데 어떡하면 다른 사람보다 내가 더 빨리 갈 수 있을까?'라는 어리석은 궁리를 하지 말라는 말이다. 목적지라는 결과가 이미 정해져 있는데 걱정한다고 결과가 달라지지 않기 때문이다. 그러므로 매사의 일에 일희일비(一喜一悲)하지 않음은 물론이요, 원하거나 원하지 않는 생각, 이런 감정, 저런 감정 모두를 놓고 또 놓고 또 놓아야 한다. 그러므로 놓고 또 놓고, 놓는다는 마음까지 놓아버리면 그것이 바로 견성이요, 해탈이다. 그래도 잘되지 않기 때문에 기도와 참선, 보시, 정진을 함께 병행하는 것이다.

莫逐有緣(막축유연)
勿住空忍(물주공인)
인연을 좇아 가지도 말고
빈 마음에도 머물지 말라

○
莫(막)없을막　逐(축)좇을축　有(유)있을유　緣(연)인연연
勿(물)말물　住(주)머무를주　空(공)빈공　忍(인)참을인

10

이것을 봐도 그렇구나, 저것을 봐도 그렇구나

一種平懷
일 종 평 회
泯然自盡
민 연 자 진

한결같은 마음을 지니면
분별하는 모습이 저절로 다하리라

송頌 　이것을 봐도 그렇구나 하고
　저것을 봐도 그렇구나 하고
　이렇게 되어도 그렇구나 하고
　저렇게 되어도 그렇구나 하고…

강설　　　두 가지 마음이 아닌 한결같은 마음을 지니게 되면 분별하는 마음은 저절로 사라진다는 뜻이다. 일종(一種)이란 일종심(一種心)의 준말로서, 두 가지 마음이 아닌 한결같은 마음을 뜻한다. 좋은 것과 싫은 것의 분별된 두 마음을 여읜, 한결같은 중도의 마음이라는 말이다.

앞에서 설명한 유연(有緣)과 공인(空忍)의 두 가지의 세계가 서로 다르게 보이지만, 실은 하나에서 나온 것이다. 색(色)이 즉 공(空)이고 공이 즉 색이라는 뜻과 같다. 공이란 없다는 뜻이 아니라 있다 없다라는 두 가지 모습이 모두 사라진 빈 상태를 가리킨다.

그러므로 색이라고 하는 물질의 존재가 있는 것처럼 착각하고 있으나, 실은 그 어떤 존재도 생로병사와 성주괴공(成住壞空)으로 끊임없이 변하고 사라지는 것이다. 그 실체가 있을 수 없는 것이니, 있고 없고를 떠난 자리를 '공하다'라고 표현하는 것이다.

평회(平懷)란 평평한 것을 품는다는 뜻으로 곧, 한결같다는 말이다. 있는 것도 공이고, 없는 것도 공하다는 것을 알게 되면 결국 분별할 것조차 없게 되는 것이다. 분별심으로 인해 인과의 과보로 나타나는 고통과 번뇌가 저절로 사라지게 된다는 것을 평회라고 한다.

민연자진(泯然自盡)이란 모든 번뇌 망상이 사라진 상태를 말한다. 있는 것과 없는 것은 한 성품에서 나온 것이니, 이 두 가지가 공하다는 것을 알게 되면 마음 또한 욕심의 바람이 불지 않는 잔잔한 마음의 바다가 되어 평화로워진다는 말이다.

이것은 '있다'라는 실체로 생각하면 가지려는 욕심이 생겨서 번뇌가 일게 되고, 욕심에 따른 인과의 과보가 생겨서 고통과 괴로움이 발생하게 된다. 색이 곧 공하다는 것을 알게 되면, 욕심은 사라지고 고통과 괴로움의 과보 또한 생기지 않아 마음이 평화롭게 된다는 것이다.

이와 같이 분별하지 않는 한결같은 마음을 가지게 되면 언제 어디서나 좋고 나쁜 것에 치우치지 않게 된다. 따라서 처처가 불상(佛相)이 되고, 하는 일마다 분별하지 않게 된다. 이를 진정한 불공(佛供) 즉, 사사불공(事事佛供)이라고 한다.

오늘도 많은 사람들이 서로 생각을 달리하며 싸우는 형국이 계속되고 있다. 그러나 서로 대치하는 모습을 보고서 여러 가지 생각을 하면서도, 옳고 그름, 좋다 나쁘다라는 마음을 갖지 않고, 이런 모습, 저런 모습으로만 본다.

'이쪽은 옳고 저쪽은 그르다'라는 논리를 펴면서도, 마음으로는 '좋다 나쁘다'라는 분별심을 갖지 않는다. 왜냐하면 옳고 그름이나 좋고 싫은 것은 결국 '인과의 모습으로서 분별심에 지나지 않는다'라는 것을 알기 때문이다.

이렇게 되어야 하는데 또는, 저렇게 되면 어떡하지 하는 마음도 접는다. 이 또한 이렇게 되든 저렇게 되든 인과의 인연 모습일 뿐이니 무슨 상관이던가. 다만, 이렇게 되어도 분별심을 놓고, 저렇게 되어도 분별심을 놓는다. 좋거나 싫은 고락의 마음도 놓고, 평화로운 마음을 지닐 뿐이다. 무엇보다도 고락의 감정을 일으켜 인과의 덫에 걸리지 않게 하는 것이 중요하다.

매사를 이런 마음으로 대한다면, 고락의 분별심에서 탈출하여 항상 여여하고 평화로운 마음을 유지할 수 있다. 하

지만 마음을 놓칠 때가 있기 때문에 항상 방하착의 화두를
잊지 않도록 부지런히 기도와 참선, 보시와 정진하라.

一種平懷(일종평회)
泯然自盡(민연자진)
한결같은 마음을 지니면
분별하는 모습이 저절로 다하리라

○

一(일)한일 種(종)종류종 平(평)평평할평 懷(회)품을회
泯(민)뒤섞일민 然(연)그러할연 自(자)스스로자 盡(진)다할진

11

나쁜 일은 우연히 생기지 않는다

止動歸止
지 동 귀 지
止更彌動
지 갱 미 동

움직임을 그치면 본래의 자리로 돌아가고
진정한 멈춤에서 다시 아미타가 움직인다

송頌 기분이 몹시 나쁜 일이 생겼다.

아! 과거에 기분이 몹시 좋은 일의 인과로구나.

몸이 몹시 아프다.

아! 과거에 몸을 써서 즐겼던 인과로구나.

강설   지동귀지(止動歸止)를 해석할 때, 대개는 '움직임을 그치면 멈춤으로 돌아간다'라고 해석한다. 또 지갱미동(止更彌動)을 해석할 때, '멈춤이 다시 움직이게 된다'라고 해석하는 예가 많다.

이와 같이 해석하는 이유는 멈춤이라는 것은 움직이는 것을 그친다는 것이니, 멈춤이란 다시 움직이는 것을 내포하고 있는 것이므로, 이 두 가지 양변은 결국 분별심에서 비롯된다는 의미다. 따라서 진정한 멈춤이란, 움직이는 것을 그치게 하는 것이 아니라 움직임도 멈춤도 모두 사라지게 하는 것을 말하는 것이다. 따라서 양변의 분별을 떠나라는 뜻이다.

이런 견해는 틀렸다고 할 수는 없지만 지동귀지의 귀지(歸止)는 적정(寂靜)한 견성의 자리로 돌아간다는 뜻으로 해석하는 것이 옳을 듯하다. 번뇌의 움직임을 멈추어서 적정한 곳으로 돌아가게 되면, 지갱미동, 그 고요한 곳에서 다시 아미타불의 움직임이 시작된다는 뜻과 순조롭게 연결되기 때문이다. 즉, 세속적인 번뇌 망상에서 벗어나 출세간적인 지혜의 움직임이 두루 일어나게 된다는 것이다.

이 구절 게송의 낙처(落處 본래의 뜻)는 분별심을 완전히 그치게 되면 중도의 세계인 열반, 피안의 세계로 들어가게 된다. 이때 분별이 없는 지혜 광명이 비치는 아미타불의 움직임이 시작되고, 이는 중생의 분별된 마음으로는 전혀 상상도 못할 자비와 지혜가 충만한 세계이다.

아무튼 매일매일 강조한 것처럼 중생은 욕심을 부린 만큼의 과보를 받아 즐거움과 기쁨을 얻은 만큼 고통과 괴로움을 받게 된다. 너무나도 간단한 자업자득, 자작자수(自作自受)의 인과 법칙인데, 이를 알면서도 벗어나려고 하지 않는 것이 안타까울 뿐이다.

조주스님의 말씀처럼 이러한 인과의 고통에서 벗어나려면 방하착 즉, 무조건 마음을 내려놓아 더 이상의 분별심을 가져서는 안된다는 것이다. 하지만 이를 알지 못하거나, 설사 안다 해도 쇳덩이같이 굳어진 업장 업식에 묶여 있다. 따라서 이를 제거하기 위한 노력을 하지 않거나 놓지 못하겠다면 착득거(着得去) 즉, 내려놓지 않고 들고 살아갈 수밖에는 없다.

대신 자신이 탐하고 성내고 잔머리를 쓴 만큼의 고통과 괴로움은 스스로 감수할 수밖에 없는 것이다. 만약 고통, 고민, 불행, 슬픔, 애탐, 걱정, 근심, 번뇌, 망상, 아픔 등의 괴로움이 생길 때는, 반드시 내가 욕심을 부린 대가라는 것만은 꼭 알기 바란다. 세상의 모든 일은 우연히 일어나거나, 이유 없이 생기거나, 공짜로 나타나는 것은 절대로 없는 법이다. 다만 내가 즐긴 만큼, 기쁜 만큼, 행복한 만큼, 편안한 만큼, 좋은 만큼, 얻은 만큼의 괴로움이 생기고, 슬픔이 생기고, 불행이 생기고, 불편이 생기고, 나쁜 것이 나타나고, 잃게 되는 인과의 과보로 이어진다는 것을 명심해야 한다.

그러므로 이러한 인과의 대가를 받지 않으려면 탐욕도 벗어 놓고, 성냄도 벗어 놓고, 원하는 것도 벗어 놓고, 모든 것을 인연 인과에 맡기고, 무조건 놓고 또 놓고 방하착하는 것만이 지동귀지 지갱미동이 된다.

어제는 기분 나쁜 일이 두 번 생겼다. 그렇다면 '과거에 기분 좋은 일이 두 번 있었으리라'고 생각한다. 그리고 배가 몹시 아파 기분이 나빴다. 그렇다면 '과거에 먹은 것이 소화가 잘되어 기분이 좋았던 때가 있었으리라' 하고, '그 인과가 나타났구나'라고 되뇌인다.

같이 있는 사람의 언행이 몹시 마음에 들지 않아서 미워하는 마음이 크다. 그렇다면 과거에 어떤 사람이 너무나 마음에 들어서 그 사람을 예뻐한 적이 있었으리라. 그 인과가 나타났다고 생각해야 한다. 그러니 이제는 예뻐하는 것도, 미워하는 것도, 기분이 좋은 것도, 기분이 나쁜 것도, 모두 모두 놓고 또 놓고… 방하착이다. 그럼에도 불구하고 우선 마음을 놓기가 어렵다면, 기도와 참선, 보시와 정진으로써 힘을 길러 방하착을 위한 방편으로 삼아야 한다.

止動歸止(지동귀지)
止更彌動(지갱미동)
움직임을 그치면 본래의 자리로 돌아가고
진정한 멈춤에서 다시 아미타가 움직인다

○
止(지)그칠지 動(동)움직일동 歸(귀)돌아갈귀 止(지)그칠지
止(지)그칠지 更(갱)다시갱 彌(미)두루미 動(동)움직일동

12

분별하는 마음을 내려놓으면 마음은 한결같다

唯滯兩邊
유 체 양 변

寧知一種
영 지 일 종

오직 양쪽에 머물러 있다면

어찌 한결같음을 알겠는가

송頌　네가 화가 나서 기분이 나쁘구나.

화가 나서 기분이 나쁜 것은 너의 몫.

내가 기분이 좋아 매우 즐겁구나.

기분이 좋아 즐거운 것은 나의 업이다.

강설　　　양변이란 양쪽을 의미한다. 즉, 이것이 생기니 저것도 생긴다는 것이니, 곧 분별을 말한다. 이러한 생각은 인간이 가지고 있는 관념에서 나오는 것이니, 생각과 감정이 여기에 해당된다. 무엇이건 있는 그대로 보면 양변의 분별이 생기지 않는다. 그러나 '있다'고 생각하는 즉시 '없다'는 것이 동시에 생기므로, '좋다'라고 생각하면 '싫다' 또는 '나쁘다'라는 것이 생겨나고, '즐겁다'라고 느끼는 동시에 '괴롭다'라는 느낌도 생겨난다는 말이다.

그러므로 한쪽의 업이 생기면 다른 한쪽의 업도 생겨나서, 한때는 이쪽의 업이 발생하고, 한때는 다른 쪽의 업이 발생하게 되니, 이를 시절 인연이라 했다.

따라서 좋은 업이 발생할 때가 되면 좋은 일이 생기게 되고, 나쁜 업이 발생할 때가 되면 나쁜 일이 나타나게 되는데, 이 두 가지 서로 반대되는 업이 상대적으로 나타나게 되는 시간을 인연의 때라 하고, 그 업이 나타나는 장소를 인연이 닿는 장소라고 한다.

만약 기분 좋은 인연 즉, 일이 잘 풀린다거나, 좋은 사람을 만난다거나, 시험에 합격을 한다거나, 횡재를 한다거나, 주식이 대박을 친다거나, 병이 낫는다거나 등 기분 좋은 일이 생기는 것은 좋은 업이 나타나는 때가 되었기 때문이다.

기분 좋은 업이 생겨났으므로 그에 따른 인과로 인하여 반대되는 기분 즉, 좋지 않은 인연 또한 반드시 겪어야 하는 것이다. 고통스럽다거나, 괴로운 일이 생겨난다거나, 사고를 당한다거나, 죽음에 이른다거나, 일이 실패한다거나, 시험에 낙방한다거나, 병이 생긴다거나, 싸운다거나 등 기분 좋지 않은 일이 생기는 것은 나쁜 업이 생길 때가 되었기 때문에 좋지 않은 일이 나타나는 것이다.

그러므로 좋지 않은 일이 생기는 것은 좋은 일을 경험한 인과의 과보 때문이라는 것을 알고서, 기분 좋지 않은 감정을 또다시 드러내지 않아야 한다. 기분 좋지 않은 감정을 드러내게 되면, 이 업이 쌓였다가 다음에 반드시 똑같은 경험을 하게 되기 때문이다. 그러니 좋은 것도 나쁜 것도, 이런 일이 나타날 때도, 저런 일이 나타날 때도, 마음을 놓고 또 놓아 방하착해야 한다. 왜냐하면 분별로 인한 괴로운 과보를 받지 않기 위함이다.

영지일종(寧知一種)이라 했다. 즉, 일종(一種)이란 한결같음을 말한다. 한결같음이란, 바로 위에서 말한 방하착을 가리킨 것이다. 좋은 것을 놓고 또 놓음으로 인하여, 나쁜 과보가 생기지 않게 되고, 나쁜 것을 놓고 또 놓음으로 하여, 다음에 또다시 나쁜 업을 받지 않기 위함이다.

상대가 누구든, 어떤 말을 하고 어떤 생각을 하며, 어떤 행동을 하던 그것은 상대의 업이자, 상대의 몫이다. 내가 어떤 말을 하고 어떤 생각을 하며, 어떤 행동을 하던 그 또한 나의 업이고 나의 몫이라는 것을 명심해야 한다.

달마대사의 제자가 된 혜가대사가 스스로 팔을 자르며 제자가 되겠다는 의지를 보이자, 달마는 "너의 마음을 가져오너라. 그럼 내가 이제 너를 편히 해 주겠다"라고 말한다. 달마는 달마 스스로 불편한 마음이 없기 때문에 그렇게 말을 한 것이고, 혜가는 스스로 불편함을 안고 있기 때문에, 달마는 바로 스스로 마음을 편히 하는 방법은 내가 만드는 것임을 가르쳐 준 것이다.

손자와 할아버지가 서로 장난을 치는데 손자는 애가 타

서 울고불고하지만, 그 모습을 보는 할아버지 마음은 손주
가 귀여울 따름인 것과 같다. 스스로 불편한 사람은 속이
타지만, 스스로 편안한 사람은 불편할 이유가 없는 것이다.

이와 같이 분별하는 마음을 항상 내려놓는 것을 '양변을
따른다'라고 한다. 분별하는 마음을 내려놓고 항상 방하착
하면, 한없이 편안한 마음이 되기 때문에 이를 일종 즉, 한
결같다고 하는 것이다. 기도와 참선, 보시와 정진은 분별하
지 않는 마음, 한결같은 마음을 위한 가장 기본적인 수행이
라 하겠다.

唯滯兩邊(유체양변)
寧知一種(영지일종)
오직 양쪽에 머물러 있다면
어찌 한결같음을 알겠는가

○

唯(유)오직유 滯(체)막힐체 兩(양)두양 邊(변)가장자리변
寧(영)편안할영 知(지)뜻지 一(일)한일 種(종)씨종

78

13

이것과 저것의 분별을 떠나야 한숨 쉬지 않게 된다

一種不通
일 종 불 통
兩處失功
양 처 실 공

일종에 통하지 못하면
양쪽의 공덕을 다 잃으리라

송頌   이렇게 원하면 저렇게 원하지 않는 것이 생기고
       잘되어야지 하면, 잘되지 않는 것이 생기고
       고락 시비의 분별은 생사가 계속 윤회하니
       이것과 저것의 분별을 떠나야 한숨 쉬지 않게 된다.

강설　　　　일종(一種)이란 한결같음을 뜻한다고 했다. 한결같음이란 분별하지 않는 중도의 마음이다. 비가 와서 좋다, 비가 와서 싫다는 마음은 분별의 마음으로서 한결같은 마음이 아니다. 비가 오면 비가 오는구나, 눈이 오면 눈이 오는구나 하고, 좋고 싫은 양변의 마음을 갖지 않는 것을 한결같다고 한다. 분별하지 않음으로 인하여 중도의 마음이라 한다.

이와 같이 일종의 한결같은 마음이 되지 않으면, 좋은 것을 구하는 과보로 인하여 싫어하는 마음이 생긴다. 싫어하는 것을 피하려고 하니 괴롭고 수고로운 마음이 생긴다. 이처럼 양쪽의 공들임 모두 잃어버리게 되므로 마음만 번거로워진다.

그러므로 구하려고 하기 때문에 잃는 과보를 낳게 되고, 잃게 되는 것을 막기 위해 온갖 힘을 쓰게 된다. 다람쥐 쳇바퀴 돌 듯, 도돌이표와 같이, 이 얼마나 수고로움이 계속될 것인가.

사람이 살아가면서 나타나는 모든 인연 현상은 좋거나

나쁘거나, 옳고 그름이 본래는 없는 것이다. 하지만 각자 가지고 있는 분별의 업식으로 말미암아, 고락 시비의 마음으로 분별하는 것일 뿐이다. 이로써 모든 인연 현상이 양변으로 나누어지게 되고, 감정 역시 고락의 인과로 말미암아 즐거움과 괴로움이 번갈아 나타나게 된다.

따라서 한결같은 중도의 마음으로 고락의 분별을 하지 않아야 인과의 과보를 받지 않고, 영원히 생사에서 해탈하게 된다. 더 없는 안온적정(安穩寂靜)의 경지에 이르게 된다.

그러므로 우선 '이렇게 되어야 하는데', '저렇게 되면 안 되는데' 하는 분별의 마음을 버려야 한다. 왜냐하면 이렇게 되어도 인과의 과보를 받고, 저렇게 되지 않아도 인과의 과보는 받게 되기 때문이다. 잘되면 잘되지 않는 과보를 받게 되고, 잘되지 않으면 화가 나는 과보로 인해 업이 쌓이게 되므로, 다음에 또 똑같은 현상이 반복하여 생기게 된다.

그러니, 원하는 대로 잘되어 기분이 좋아지게 되면, 인과의 과보로 인해 원하는 대로 잘되지 않아서 기분이 좋지 않은 현상이 따라오게 된다. 따라서 잘되어야 한다는 망상에서 벗어나 분별하지 않는 일종의 한결같은 마음을 가져야한다. 매사를 좋고 나쁜, 옳고 그른 고락의 분별심으로 대할 것이 아니라, 있는 그대로만 보고 듣고 받아들이면 된다.

우선 당장 가져야 될 마음은 '잘돼야 되는데', '이렇게 돼야 하는데', '저렇게 되면 안되는데' 하는 마음을 곧장 내려놓고 방하착해야 한다. 집착과 미련, 걱정과 근심을 당장 내려놓고, 감정을 쏙 뺀 상태에서 그저 받아들이기만 하면 된다.

그 다음은 생각이 가는 대로, 몸이 가는 대로, 그저 움직이면 된다. 설사 그렇게 해서 직장에서 쫓겨나는 일이 발생한다 하더라도, 쫓겨나서 기분이 나빠지거나, 속이 상하거나, 싫은 감정이 생기는 것마저 놓아버려야 한다. 이 또한 인과에 의한 인연 현상이기 때문이니, 어떤 불리한 현상이 벌어지더라도 불리하다는 생각마저 방하착으로 놓아버려야 한다.

그러나 놓고 싶어도 도저히 놓지 못하는 것이 마음이다. 워낙 업이 두터워 깊숙하게 몸에 배어 있으므로, 잠시라도 걱정 근심을 놓아버리는 것조차 하늘의 별 따기보다도 더욱 힘든 노릇이다.

그럼에도 불구하고 분별없는 마음으로 일종의 한결같은 마음을 갖지 않으면, 아무리 좋은 것이 생겨나도 인과의 과보로 인해 괴로움에서 벗어날 수 없다. 그럴 땐 반드시 기도와 참선, 보시와 정진을 함께 겸하는 노력을 해야 한다.

一種不通(일종불통)
兩處失功(양처실공)
일종에 통하지 못하면
양쪽의 공덕을 다 잃으리라

○
一(일)한일 種(종)씨종 不(불)아닐불 通(통)통할통
兩(양)두양 處(처)곳처 失(실)잃을실 功(공)공공

14

놓고 놓으면 모든 것이 해결된다

遣有沒有
견 유 몰 유
從空背空
종 공 배 공

있음을 버리려 하면 있음에 빠지고
공을 따르려 하면 공을 등지게 된다

송頌   '고통을 없애야지' 하면 절대 없어지지 않는다.
'행복해야지' 하면 반드시 불행이 찾아온다.
'부처가 돼야지' 하면 절대 부처가 될 수 없다.
방하착하여 놓고 놓으면 모든 것이 해결된다.

강설   불교는 생각, 또는 문자나 언어로 풀려고 하면 절대 알지 못할 뿐 아니라, 목적하는 성불도 이루기가 힘들다. 이 말은 곧 고통이나 괴로움, 불편함이나 불안함을 해결하려면, 결코 생각이나 감정으로는 이룰 수 없다.

그래서 언어도단(言語道斷) 심행처멸(心行處滅) 즉, 말로써도 표현할 수 없고, 마음으로도 알지 못한다. 또 불립문자(不立文字) 즉, 문자로도 알 수 없으며, 사교입선(捨敎入禪) 즉, 가르침으로는 도저히 알 수 없다. 따라서 분별이 끊어진 선으로 들어가야 한다는 말이다.

만약 '욕심을 부리지 말아야지'라고 생각한다면, 이미 욕심이라는 것이 생각으로 남아 있기 때문에 욕심은 없어질 수가 없다. 또 '생각을 하지 말아야지'라고 생각한다면, 이미 '생각을 하지 말아야지'라는 생각이 자리잡고 있기 때문에 생각이 없어질 리가 만무하다.

'이것을 꼭 이루어야지'라고 생각한다면, 이루지 못할 수도 있다는 생각이 이미 자리잡고 있다는 것이다. 이루어야 한다는 생각에 의해 이루어지는 것도 있겠으나, 그에 따른 인과의 과보로써 이루지 못하는 것 또한 생기게 된다. 따라서 이루지 못할 일이 현실로 나타날 수밖에 없다.

생각 자체가 분별심이다. 말로 표현되거나, 문자로 나타나는 것, 그리고 특히 감정이라는 것이 있다고 생각한다면, 이는 분별심을 뜻하는 것이다. 그러므로 있음에 빠지는 것이 되어 인과의 과보를 받게 된다. 그래서 고통을 없애려면 고통이 계속 남아 있게 되고, 괴로운 마음을 없애려면 괴로운 마음이 절대 없어지지 않게 되며, 어려움을 피하려 하면 어려움은 절대 피해지지 않는다.

왜냐하면 고통과 괴로움, 어려움이라는 생각을 이미 하고 있기 때문에 마음 안에 들어 있는 것들은 일체유심조하여 반드시 현실로 나타나게 된다. 또 인과를 이루게 되므로, 고락의 분별을 계속하게 된다는 것이다. 또한 공함을 따르게 되면 공함을 등지는 것이라고 했다. 공이라는 것 역시 유(有)와 마찬가지로, 공이라고 생각하면 이미 공이 아니라는 말이다.

이 역시 생각이나 말이나 문자로는 도저히 이룰 수 없는 것이다. 만약 부처를 이루려고 생각한다면 벌써 유가 발생되었기 때문에 부처가 될 수도 없다. 뿐만아니라 이미 중생이라는 상대가 생겨나기 때문에 이러한 분별심으로는 부처도, 공도, 깨달음도 이룰 수가 없는 것이다.

진정한 공이 되고, 부처가 되고, 견성과 성불을 이루기 위해서는 생각과 말과 감정을 모두 놓아야 한다. 극락이라고 생각하면 이미 지옥이 생겨나고, '없다' 또는 '무(無)'라고 생각하는 즉시, '있다' 또는 '유(有)'라는 것이 생긴다. '좋다'라고 생각하면 이미 '싫다'라는 것이 먼저 자리잡게 되므로, 진정한 중도와 해탈은 생각과 감정과 말과 문자를 떠난 자리를 말한다.

따라서 복을 구하려고 해서는 절대 복이 될 수가 없고, 덕을 구하려고 해서는 절대 덕이 될 수 없다. 진정한 복과 덕이란, 구하려고 하는 마음이 한 점도 없을뿐더러, 그러한 생각 자체가 없어 분별하지 않는 마음이 되면 저절로 복과 덕이 되는 것이다.

그러니 '이렇게 되어야 하는데… 저렇게 되면 안되는데…'

라는 생각을 당장 내려놓아야 한다. 그리고 '이러면 어떡하지? 저러면 어쩌나?'라는 마음도 내려놓아야 한다. 어떤 생각을 하든, 어떤 감정을 가지든, 인과의 그물에 걸리기 때문이다. 더 좋은 것은 더 나쁜 시절 인연이 오고, 원하는 만큼 원하지 않는 시절인연이 온다는 것을 굳게 믿고 의심하지 말아야 한다.

그러므로 이래도 생각과 감정을 놓고, 저래도 생각과 감정을 놓고, 있는 그대로 받아들이며, 있는 그대로 볼 줄 아는 지혜를 가져야 한다. 이는 좋다 싫다라는 분별심을 놓고 어떤 현상이 벌어지더라도, 어떤 인연이 다가오더라도 놓고 또 놓고 방하착해야 한다.

부처님의 가르침을 한마디로 말한다면 방하착 즉, 바로 놓는 것이다. 의심을 하거나, 불안해하거나, 불편해하거나, 불신을 하거나, 이유를 달고, 궁리를 하고, 감정을 갖는 것은 바로 당신 스스로의 몫이 될 뿐이다. 뛰어봐야 벼룩이기 때문이다.

遣有沒有(견유몰유)

從空背空(종공배공)

있음을 버리려 하면 있음에 빠지고

공을 따르려 하면 공을 등지게 된다

○

遣(견)보낼견 有(유)있을유 沒(몰)가라앉을몰 有(유)있을유

從(종)좇을종 空(공)빌공 背(배)등배 空(공)빌공

15

생각과 말, 감정의 파도를 어찌할까

多言多慮
다 언 다 려
轉不相應
전 불 상 응

말이 많고 생각이 많으면
서로 응하지 못하게 된다

송頌   생각이 많으면 생각으로 괴롭고
말이 많으면 말로써 힘들어진다.
다만 생각을 하되 고락 감정을 얹지 말고
말을 하되 분별 감정을 얹지 말라.

강설　　　말이 많고 생각이 많다는 것은 그만큼 고락의 등차(等差)가 심하다는 뜻이다. 생각 하나에 웃기도 하고 울기도 하며, 그런 생각에 의해 말을 하는 것이다. 말이 많아진다는 것 또한 그 말에 따라 웃고 우는 경우가 많다는 의미다.

그러므로 생각과 말이 많아지면 웃고 우는 고락도 그만큼 많아진다. 말이 많을수록, 생각이 많을수록 번뇌가 심할 수밖에 없는 것이므로, 더더욱 도와는 많이 멀어진다는 뜻이다. 여기서 전불상응(轉不相應) 즉, 서로 응하지 못한다는 것은 고락의 과보가 없는 상태 즉, 성불이나 해탈, 마음에 고통이 없는 적멸의 피안에 들어가기가 어렵다는 것이다.

언어도단 심행처멸이다. 말로써도 표현하지 못하고, 마음으로도 알지 못한다. 또 불립문자, 문자로도 알 수 없으며, 사교입선 가르침으로는 도저히 알 수 없다. 따라서 분별이 끊어진 선으로 들어가야 된다는 것을 '다언다려 전불상응'이 잘 대변해 주고 있다.

어떻든 중요한 것은 눈과 귀로 느끼고 있는 현상에 대해,

좋고 싫은, 옳고 그른 분별심으로 바라보는 습을 무조건 버려야 한다. 마음의 바다가 출렁이는 모습이 분별심이라면 거기에 좋다 싫다, 옳다 그르다라고 하는 파도가 크면 클수록 마음은 더욱 출렁이게 되어 괴롭기 때문이다.

마음을 바다에 비유한다면 좋고 싫은 감정의 파도를 줄여야 마음의 바다가 잔잔하여 편안하게 되는 것이다. 어떤 경우가 되었든 생각으로 나오는 감정과 말에서 묻어나오는 감정을 놓고 또 놓고 방하착해야 한다. 더불어 기도와 참선, 보시와 정진을 함께 한다면 금상첨화라 할 수 있다.

多言多慮(다언다려)
轉不相應(전불상응)
말이 많고 생각이 많으면
서로 응하지 못하게 된다

○

多(다)많을다 言(언)말씀언 多(다)많을다 慮(려)생각할려
轉(전)구를전 不(불)아닐불 相(상)서로상 應(응)응할응

16

말과 생각이 끊어지면 통하지 않으리오

絶言絶慮
절 언 절 려

無處不通
무 처 불 통

말과 생각이 끊어지면
어느 곳인들 통하지 않으리오

頌頌　말을 하되 감정이 들어 있지 않고
　　　생각을 하되 감정을 얹지 말며,
　　　말을 듣되 감정으로 듣지 말고
　　　상대의 생각을 감정으로 읽지 말라.

강설　　　앞에 설명한 '다언다려 전불상응'과 반대되는 구절이다. 말과 생각이 끊어지면 분별함이 없으므로 어느 때 어느 곳이든 걸림이 없이 자유롭게 된다는 뜻이다.

설명했듯이 말과 생각을 어떻게 끊을 수 있다는 것인가? 여기서 말하고자 하는 본래 뜻은 좋다 나쁘다, 옳다 그르다 라는 말과 생각은 얼마든지 하되, 즐겁고 괴로운 고락의 감정을 얻지 말라는 것이다. 물론 자신도 모르게 나오는 감정을 어떻게 막을 수 있느냐고 항변한다면 더 이상 할 말이 없다. 어쨌거나 기쁘고 슬픈, 즐겁고 괴로운 감정이 들어가게 되면 말과 생각이 자유로울 수가 없으며 걸림이 많아진다.

같은 말이라도 고운 말이 있고 거친 말이 있으며 또 즐거운 생각과 괴로운 생각이 있기 마련이다. 말과 생각에 감정이 들어 있으면 고락의 감정이 죽 끓듯이 하여 마음을 평화롭게 할 수 없게 된다. 결국 시비와 고락의 인과로 인하여 늘 편안할 수가 없다.

그러므로 수행자는 물리적으로 말을 하지 않는 묵언수행을 할 때가 많고, 참선을 통하여 생각을 비우기 위해 치열

하게 정진하는 것이다. 가능하면 말과 생각을 덜 하는 것이 고락의 인과를 막을 수 있는 기본적인 방법이 된다. 한걸음 더 나아가면 말과 생각은 얼마든지 하되, 좋고 나쁜, 옳고 그른 분별심을 갖지 않는 것이 좋다. 더더욱 높은 단계는 좋다 싫다, 옳다 그르다라는 구별은 하면서도, 기분이 좋고 나쁜, 즐겁고 괴로운 직접적인 감정이 얹혀지지 않도록 하는 것이 가장 수승한 방법이 되겠다.

그래서 말을 하되 무심하게 말을 하고, 생각을 하되 무심한 가운데 생각을 하는 습관을 길러야 한다. 이보다 더욱 중요한 것은 상대방의 말을 들을 때, 상대의 생각을 읽으면서 감정을 얹어서 듣지 않아야 하며, 상대의 생각을 감정을 얹어서 읽으면 안된다.

따라서 내가 말을 하거나 상대의 말을 듣거나, 내가 생각을 하거나, 상대의 생각을 읽을 때, 고락의 분별된 감정을 얹지 않도록 해야 한다. 있는 그대로 말을 하고 말을 듣고, 있는 그대로 생각하고 생각을 읽어야 한다. 절대적으로 고락의 감정을 얹어서 선악 시비를 하게 되면 괴로움의 과보를 받게 된다.

어떤 사람이 글에 의지해서 이치로 해석하기를 말을 끊으면 말 길이 끊어지고, 생각을 끊으면 마음 갈 곳이 없어진다고 했다. 말 길이 끊어지면 고요하게 비추어지고, 마음 갈 곳이 없어지면 훤히 비추되 고요하다. 이런 경지에 이르게 되면 모든 선은 한꺼번에 뚫리게 된다.

또 옛사람이 이르기를 "쉬고 쉬어서 입가에 백태가 끼고, 혀끝에 풀이 자라게 하라"고 했다. 매우 비현실적이지만 가장 현실적이기도 하다. 말과 생각에 감정을 얹지 않으려면 기도, 참선, 보시, 정진의 도움을 받아야 한다.

絶言絶慮(절언절려)
無處不通(무처불통)
말과 생각이 끊어지면
어느 곳인들 통하지 않으리오

○

絶(절)끊을절 言(언)말씀언 絶(절)끊을절 慮(려)생각할려
無(무)없을무 處(처)곳처 不(불)아닐불 通(통)통할통

고락 시비 분별 말고 중도를 행하라

歸根得旨
귀 근 득 지
隨照失宗
수 조 실 종

근본으로 돌아가면 뜻을 얻고
비추임을 따르면 근본을 잃는다

송頌　좋은 것의 과보로 나쁜 것이 나타나고
　　　즐거움의 과보로 괴로움이 나타나며
　　　옳은 것의 과보로 그른 것이 나타나니
　　　고락 시비 분별 말고 중도를 행하라.

강설   귀근(歸根)의 뜻은 본래 자성을 뜻한다. 분별이 끊어진 상태를 말하는 것으로, 여기에는 이것과 저것의 상대가 사라진 자리다. 좋고 나쁨이 없고 생사와 생멸이 없으므로, 곧 부처를 뜻한다.

그러므로 득지(得旨)란 바로 내가 꿈꾸던 성불을 얻는다는 것인데, 언어도단, 교외별전의 자리로서 이 자리에 가보지 않고서는 상상조차 할 수 없다. 득지를 하여 견성을 한 조사들의 경험에 따르면 눈곱만큼의 고통이나 괴로움이 없는 자유자재한 마음 상태라고 한다.

수조(隨照)란 눈·귀·코·혀·몸·생각의 육근으로 감지하는 것 즉, 내가 보고 듣고 느끼는 모든 현상에 끄달려지는 것이다. 고락 생사의 윤회를 거듭하며 고통과 괴로움의 과보를 따르게 된다. 이렇게 되면 위에서 말한 귀근득지(歸根得旨)를 잃게 된다는 말이다. 중생, 특히 사람들은 자업자득하며 윤회를 거듭하며 누구나 시절 인연의 업에 따라 살아간다. 따지고 보면 더 행복하거나, 덜 불행한 사람은 없다. 나름대로 고락의 업에 따라 웃기도 하고 울기도 하며 살아가고 있다.

부자와 거지로 살지라도 시절 인연이 되어 부자가 될 때도 있고, 거지가 될 때도 있으나, 다만, 그때가 서로 다르게 나타날 뿐이다. 물론 전생과 금생, 내생의 삼세에 걸쳐서 업의 모양이 나타나는 것이다. 그러므로 지금 나타나는 모습을 보고 더 잘살고 더 못산다고 예단하는 것은 크나큰 착각이요, 오류이다.

차이가 있다면, 분별심이 없어서 욕심이 아예 없는 사람은 중도의 마음으로써 고락의 업이 없으므로 좋고 나쁨도 없으니, 고통과 괴로움도 없다. 그러나 조금의 분별로써 조금의 욕심을 가지면 조금의 과보로 인해 조금의 인과로써 조금의 고통과 괴로움이 생기게 된다. 반대로 많은 분별심으로 인해 많은 욕심이 생기면 많은 고락의 과보가 생기므로, 많은 고통과 괴로움이 나타날 수밖에 없다.

그러므로 마음속에 있는 고락의 업을 멸하지 않고, 눈으로 귀로 몸으로 생각으로 일어나는 감정에 끄달리게 되면, 고락의 감정이 끝없이 일어나고 사라지게 된다. 따라서 좋고 나쁜, 옳고 그른 분별심으로 인해 결국 고통과 괴로움을 피할 수가 없다.

즐거운 일을 겪은 과보로 인해 괴로운 일이 생기게 되고, 좋은 일로 인해 나쁜 일이 생기게 되며, 옳은 일로 말미암아 그른 일이 생기게 되는 것이 인과의 과보요, 마음의 업이라 했다.

따라서 수조실종(隨照失宗)이라 했으니, 진실로 좋은 것이 좋은 것이 아니고, 나쁜 것이 나쁜 것이 아니니, 좋은 일에도 걸리지 말고, 나쁜 일에도 마음을 걸리지 않게 해야 한다. 그렇게 하려면, 그 어떤 일에도 매사에 고락 시비하는 마음을 항상 경계해야 한다. 절대로 좋고 나쁜, 옳고 그른 분별심을 갖지 말고, 무조건 있는 그대로 말하고 생각하고 행동함으로써, 항상 중도의 마음으로 방하착해야 한다.

제아무리 날뛰어도 뛰어봐야 벼룩이요, 부처님 손바닥에서 벗어나지 못하니, 무조건 그저 기도와 참선, 보시와 정진으로 분별심을 놓고 또 놓아 방하착해야 한다.

歸根得旨(귀근득지)

隨照失宗(수조실종)

근본으로 돌아가면 뜻을 얻고

비추임을 따르면 근본을 잃는다

○

歸(귀)돌아갈귀 **根**(근)뿌리근 **得**(득)얻을득 **旨**(지)뜻지

隨(수)따를수 **照**(조)비칠조 **失**(실)잃을실 **宗**(종)근본종

18

분별의 마음을 없애는 것이 나를 편안하게 만드는 것

須臾返照
수 유 반 조
勝脚前空
승 각 전 공

모름지기 잠깐이라도 돌이켜 비춰보는 것이
세상의 공함을 아는 것보다 수승히 앞선다

송頌   좋은 것은 나쁜 것의 원인이 되고,
옳은 것은 그른 것의 원인이 되니,
이 두 가지 분별의 마음을 없애는 것이
나를 스스로 편안하게 만들 것이다.

상당히 어려운 뜻을 지니고 있는 대목이다. 반조라 함은 돌이켜 비추어 본다는 뜻이다. 무엇을 돌이켜 비춘다는 것일까? 안이비설신의의 육근으로 보고 듣고 냄새 맡고 맛보고 부딪치고 생각하는 것 모두 분별에 지나지 않는다고 하였다.

눈으로 보고 좋고 싫고, 이렇게 생겼고 저렇게 생겼다 분별하고, 귀로 듣고 좋은 소리 나쁜 소리 별별 소리를 다 분별한다. 냄새, 맛, 부딪침, 생각 역시 분별을 일으켜 좋다 싫다, 옳다 그르다라는 인과를 만들어 계속 반복하여 윤회하기 때문이다.

더군다나 분별한 것조차 좋고 싫고, 옳고 그름이 그대로 있느냐 하면 이 또한, 생로병사하여 변하고 결국 사라짐을 반복할 뿐이다. 허깨비와 같고 이슬과 같으며, 번개와 같고 물거품과 같아서 무엇 하나 남는 것도 없고, 영원한 것이 없으므로 결국 공에 이르게 된다.

그러므로 눈, 귀, 코, 혀, 몸, 생각의 육근으로 분별하기 이전으로 돌아가서 본래의 마음을 비추기만 하면, 굳이 수

고롭게 공을 찾을 필요도 없고, 분별의 유를 없애려 하지 않아도 된다. 공함조차 알 필요도 없다는 뜻이다.

세상이 돌아가는 모습이나 마음이 움직이는 모양이 이러하니 좋은 것을 찾아 선택하면, 그 인과의 과보로 말미암아 나쁜 것이 생겨난다. 다시 나쁜 것을 피하려고 좋은 것을 찾게 되니, 다시 나쁜 것의 과보가 나타난다. 이런 모습 자체가 해와 달이 뜨고 지듯, 밀물과 썰물이 오고 가듯, 제자리에서 돌고 돌 뿐이다. 이를 업이 꼬리를 물고 육도윤회한다고 하는 것이다.

이와 같이 모든 중생은 눈에 보이는 즐겁고 괴로움의 고락에만 집착하다 보니, 고의 늪에서 빠져나올 수 없게 된다. 고락 시비 분별하는 매일의 일상을 벗어나지 못하고 고통과 괴로운 일들이 계속적으로 생겨날 수밖에 없다.

그러니 아무리 좋은 것도 그만큼의 나쁜 것을 만들어 내는 원인이 되고, 아무리 옳은 것도 그만큼의 그른 것을 만들어 내는 원인이 된다. 좋은 것을 선택하지도 말고, 옳은 것을 분별하지도 말며, 그저 그러려니 하면서 좋다 싫다는 감정을 드러내지 않아야 한다.

좋은 것도 싫은 것도 분별하지 않는 마음을 가져야 본래의 마음인 자성, 불성, 성불의 자리로 돌아가서 편안하게 될 것이다. 어떤 상황에서도 희비의 감정을 드러내지 말고, 순간순간의 감정을 놓고 또 놓아 방하착해야 한다.

부처님의 가르침인 불교는 좋은 것을 선택하거나, 옳은 것을 선택하라는 것이 절대 아니다. 하나를 선택하면 다른 반대의 하나가 자동으로 생겨서, 인과의 과보로 인해 괴로운 마음을 일으키고 마는 것이다. 따라서 좋다 싫다의 분별심을 없애는 것이 불교의 최종 목적이라는 것을 잊어서는 안된다.

내 앞에 나타나는 일들은 내 업의 그림자라는 사실을 항상 잊지 말고, 육근에 의해 끄달리지 말며, 무심한 마음으로, 분별하지 않는 일상이 되어야 한다. 그래도 업의 마음에 끄달려 탐하고 성내고 어리석은 생각이 끊이지 않는다면, 기도와 참선, 보시와 정진으로 극복해야 한다.

須臾返照(수유반조)

勝脚前空(승각전공)

모름지기 잠깐이라도 돌이켜 비춰보는 것이
세상의 공함을 아는 것보다 수승히 앞선다

○

須(수)모름지기수 臾(유)잠깐유 返(반)돌아올반 照(조)비칠조
勝(승)이길승 脚(각)다리각 前(전)앞전 空(공)빌공

19

제 그림자를 보고 울고 웃네

前空轉變
전 공 전 변
皆由妄見
개 유 망 견

공을 앞에 두고도 경계(분별)를 따라 흘러감은

모두가 허망한 견해 때문이라

송頌   세상 모두 공 아닌 것이 없거늘

색(色 현상)을 보고

진짜로 알아 잡으려고만 하니,

스스로 지은 업 스스로 받으므로

무욕심 무집착 무분별이면,

그대로 진공(眞空)이라네.

강설　　　사실 모든 것은 일체개고(一切皆苦)요, 일체개공(一切皆空)이다. 일체가 모두 고 아닌 것이 없기 때문에, 일체가 모두 공인 줄 알면 일체개고가 사라진다는 말이다. 즉, 눈, 귀, 코, 혀, 몸, 생각의 육근으로 감지되는 모든 것에는 고락의 인과가 서로서로 과보로써 작용하므로 고통과 괴로움을 느끼지 않을 도리가 없다.

그러나 이 모든 현상은 물거품과 같이, 번개와 같이, 이슬과 같이, 꿈과 같이, 사라지고 마는 것들로서 공 아닌 것이 없음을 깨닫는다면, 인과도 사라지고 과보도 사라지며, 고통과 괴로움도 사라진다는 뜻이다.

〈반야심경〉에 색즉시공(色卽是空) 공즉시색(空卽是色)이라 했다. 색 즉, 모든 것은 공이고, 공이기 때문에 모든 것이 존재한다는 것인데, 이해가 쉽지 않은 대목이다. 수행자는 왜 공을 깨달으려 하는가? 일체가 모두 공 아닌 것이 없기 때문에 색이라는 현상에 집착하지 말라는 것이다. 집착해 봐야 얻을 것도 없고, 이익될 것도 없으며, 남는 것도 없으므로, 마음만 복잡하고 고통과 괴로움만 따르기 때문이다.

그러므로 모두가 공 아닌 것이 없음에도 불구하고, 현상 즉, 눈으로 보이는 것마다 좋다 싫다 분별하고, 귀로 듣는 소리마다 좋은 소리 나쁜 소리로 분별하며, 냄새와 맛, 촉감과 생각도 이와 같다. 그러니 좋은 것도 곧 공으로 사라짐에도 불구하고 집착하는 마음이 생기고, 싫은 것도 공으로 돌아가는데도 불구하고 싫다는 생각이 남게 되니, 공을 따르지 않고 현상만 좇으려 함에 고통과 괴로움이 늘 따르게 된다는 것이다.

이번 〈신심명〉의 내용은, 모든 것이 공임에도 불구하고 즉, 공을 앞에 두고도 알아채지 못하고 경계(집착)에 따라 흘러가는 것은, 욕심과 집착의 허망한 분별심의 견해 때문이라는 뜻이다.

집착하지 말라는 뜻을 정확히 아는 이는 드물다. 좋은 것에 집착하지 말라는 것은, 나쁜 과보를 받기 때문이다. 그래서 좋은 것을 구하려 하거나, 찾으려 하거나, 가지려 함은 곧, 똑같은 상대적인 나쁜 과보가 생기기 때문이다. 이유는 그동안 수백 번 설명했다.

그럼에도 불구하고 사사건건 욕심을 부리고, 집착을 부리면 부릴수록 나쁜 일이 생겨날 수밖에 없다. 여기에서 나쁜 일이란, 남들이 모두 좋은 일이라 한다 하더라도, 본인 스스로의 마음이 불편하면 나쁜 것이 된다. 따라서 고(苦)와 낙(樂)의 경중은 똑같다.

그러므로 좋은 일이라고 생각하는 일이 생길 때는 '고락의 인과 중에 낙이 나타날 때이구나'라고 생각하고, 나쁜 일이라고 생각하는 일이 생길 때는 '고락의 인과 중에 고가 나타날 때이구나'라고 생각해야 한다.

더욱 중요한 것은 고와 낙을 분별하지 않는 마음이다. 수십 년 수행을 한 스님들도 이렇게 되기가 쉽지 않은데, 하물며 일반 신도가 행하기는 벅찬 일이겠다. 그러나 이러한 마음 수행을 하지 않으면, 크고 작은 기분 좋은 마음에 의해 크고 작은 기분 나쁜 마음이 반복적으로 생겨날 수밖에 없다. 따라서 매사에 죽네 사네 하면서 스스로 마음 갈피를 잡지 못하게 된다.

때문에 진정한 수행자는 좋은 일, 나쁜 일이 따로 없기 때문에 분별함이 없다. 그래서 설사 거지처럼 산다 해도 불편함이 없고, 몸에 병이 와도 공의 도리를 알고 있으므로, 마음 상하지 않고 편안한 마음을 유지하게 된다.

따라서 잘산다 못산다 하는 것은 어떤 일을 하고 어떤 형태로 사는가 하는 모습이 아니라, 순전히 분별하지 않고 공한 마음 상태에 따라 편안함과 불편함이 결정되는 것이다. 하지만 이를 알지 못하고 그림자 같은 현상의 모습에만 끄달려서 울고불고하게 되면, 고통과 괴로움을 벗어날 길이 없다. 오늘도 기도와 참선, 보시와 정진으로 공한 마음의 길을 닦아 나가기를….

前空轉變(전공전변)
皆由妄見(개유망견)
공을 앞에 두고도 경계(분별)를 따라 흘러감은
모두가 허망한 견해 때문이라

○
前(전)앞전 空(공)빌공 轉(전)구를전 變(변)변할변
皆(개)모두개 由(유)말미암을유 妄(망)허망할망 見(견)볼견

20

오직 분별하는 마음을 쉬게 하라

不用求眞
불 용 구 진

唯須息見
유 수 식 견

진리를 구하려 애쓰지 말고
오직 분별된 소견을 쉬게 하라

송頌   생겨나는 그대로 나타나는 그대로
모든 것 인연의 소치로 생각하고,
이런 일 저런 일 최종의 결과는 똑같으니
인과와 공을 생각하고 마음을 놓아라.

강설　　　　불교의 수행을 잘못 이해하는 이가 많다. 염불을 통해 무엇을 얻으려고 하고, 참선 좌선을 통해 무엇을 얻으려고 하며, 절을 하고 기도를 통해 무엇을 얻으려고들 한다. 이 구절의 내용을 잘 이해하면 바로 부처님의 가르침, 진정한 불교의 이치가 어디에 있는지 극명하게 알 수가 있다. 진리라는 것은 따로 있는 것이 아니다. 진리를 구하려고 애쓰는 것보다 오직 식견(識見) 즉, 분별하는 마음만 쉬게 된다. 굳이 진리를 다른 곳에서 찾지 않아도 그대로가 부처요, 중도이며, 해탈이 되어, 한 점의 괴로움도 없게 된다는 말이다.

지금 내가 보고 듣고 냄새 맡고 맛보고 느끼고 생각하는 육식(六識 눈, 귀, 코, 혀, 몸, 생각으로 감지) 그 자체가 진리요, 중도요, 참됨인데, 무엇을 따로 찾을 필요가 있겠느냐는 말이다. 다만, 진리 그대로를 받아들이지 못하는 것은 바로 분별심 때문이다. 좋다 나쁘다, 맞다 아니다, 옳다 그르다 등 무엇이든 둘로 나누어서 하나는 택하려 하고 하나는 버리려 하는 허망한 견해 때문에 있는 진리 그대로를 받아들이지 못한다는 것이다.

또한 참으로 참됨을 구하려 하면 참됨은 오히려 숨게 되고, 생각을 없애고 소견을 쉬라고 하면 그 쉬라는 견해가 또 하나 생기기 때문에, 곧바로 놓으라는 것이다. 이것이 방하착이다. 그러기에 순간순간 마음에 들지 않거나 속상한 일이 생길 때는 재빨리 공을 생각하고 인과를 생각하며, 속상한 마음을 그대로 방하착해야 한다.

또 상대가 말을 밉게 하거나 상대의 행동과 성격이 마음에 들지 않을 때, 재빨리 미워하는 마음을 참회해야 한다. 그리고 인과와 공을 생각하고 분별하는 마음을 놓아야 한다.

꼭 '이렇게 되었으면 좋겠다'고 생각하는 일이 있다면, 그 일에 집착하지 말고 '꼭 그렇게 되었으면 좋겠다'라는 생각마저 내려놓고 흘러가는 인연을 그저 바라보고 그대로 따라야 한다.

만약 화가 날 때는 얼른 인과와 공을 생각하고 마음을 추스려서 화나는 마음을 내려놓아야 한다. 또 남에게 들키지 않으려는 일이 생겨서 마음을 졸일 때는 인과 인연에 맡기고 마음을 놓아야 한다.

'어떡하지' 하며 안절부절하는 일이 생겼을 때는 조급한 마음을 내서는 안된다. 우선 당장의 결과는 기대와 다르게 나타날지는 모르나, 이렇게 되든 저렇게 되든 최종의 결과는 똑같이 나타난다는 믿음을 가지고 마음을 내려놓아야 한다.

따라서 그 어떤 경우든 인과와 공을 생각하고, 항상 마음의 여유를 가져야 한다. 믿는 마음이 부족하거나 결단의 용기가 나지 않는 것은 자신도 모르게 나오는 숙업(宿業)이 작용하기 때문이라는 것을 알고서, 자신의 업장을 바꾸는 노력을 게을리해서는 안된다. 그래도 마음이 흔들릴 때는 기도와 참선, 보시와 정진으로 커버해 나가야 한다.

不用求眞(불용구진)
唯須息見(유수식견)
진리를 구하려 애쓰지 말고
오직 분별된 소견을 쉬게 하라

○
不(불)아닐불 用(용)쓸용 求(구)구할구 眞(진)참진
唯(유)오직유 須(수)모름지기수 息(식)쉴식 見(견)볼견

21

분별의 견해에 머물지도 말고 좇아가지도 말라

二見不住
이 견 부 주

愼莫追尋
신 막 추 심

둘로 보는 견해에 머물지 말고

삼가 좇아가 찾지 말라

송頌   좋은 것을 취하려 함에

나쁜 과보를 받는 것은 시간문제,

이는 고락의 감정을 말하는 것이니,

무조건 고락의 분별심을 방하착하라.

강설 〈신심명〉의 구절을 자세히 분석하다 보면, 주로 분별에 대한 경계의 말씀을 여러 가지로 표현하고 있다. 이견부주(二見不住) 역시 두 가지로 보는 분별의 견해에 머무르지 말고, 신막추심(愼莫追尋) 즉, 두 가지의 견해인 분별을 좇아가지 말라는 당부의 말씀이다.

그런데 사람들이 헷갈리는 것은 크고 작은 사실을 어떻게 분별하지 말라는 것일까? 또 좋은 것을 좋다고 하고, 나쁜 것을 나쁘다고 하는데 왜 표현하지 말라는 것일까?

이 대목에서 분명히 알아야 할 것이 있다. 결론부터 말하면 객관적인 사실을 구분하지 말라는 말이 아니다. 두 가지 물건을 놓고 비교한다면 분명 상대적으로 더 크고 작은 것이 있을 것이다. 이를 구분하지 말라는 것이 아니다.

또한 두 가지 중에 상대적으로 더 예쁘고 좋으며, 더 예쁘지 않거나 좋지 않은 것을 구분하지 말라는 것이 아니다. 더 큰 것 또는 더 예쁘고 좋은 것을 취하려 집착하는 마음을 갖지 말라는 것이다. 마찬가지로 더 작거나 더 예쁘지 않거나, 더 좋지 않은 것에 대해 싫어하거나 취하지 않겠다거나 버리려 하는 마음을 갖지 말고 집착하지 말라는 말이다. 왜냐하면 더 좋은 것에 집착한다는 것은, 좋은 것을 취함으로써 즐겁고 기쁘고 행복한 마음이 되기 위한 것이므로, 이는 인과의 과보에 걸려서 괴롭고 슬프고 불행한 마음이 똑같이 생기기 때문이다.

이러한 좋고 나쁜 두 가지 감정을 갖지 말라는 것이다. 이를 분별심이라 한다. 바꾸어 말하면, 좋은 것을 집착하면 그 과보로 인하여 나쁜 것이 생겨나고, 나쁜 것을 버리려 하는 마음에 집착하면, 나쁜 것을 싫어하는 마음이 생겨서 기분이 나빠지고 괴롭기 때문이다. 따라서 사람들은 누구나 할 것 없이 더 좋은 일, 더 좋은 물건, 더 좋은 환경, 더 좋은 사람, 더 좋은 것들을 차지하려 애쓴다. 그래야 즐겁고 행복하기 때문이다.

그러나 세상에 공짜는 없는 법이니, 더 좋은 것을 차지하는 만큼 더 나쁜 과보가 생겨서 언젠가는 차지한 만큼의 즐거움과 행복에 대한 대가를 치르도록 되어 있다. 다만 시간 문제다. 즉, 시절 인연에 따라 인과의 과보가 금세 올 수도 있고, 다음 시간 또는 내생에 올 수도 있다는 것이다.

그래서 좋은 일이 생기면, 고락 인과의 업 중에 낙의 과보가 생길 때가 되었다는 것이다. 나쁜 일이 생기면, 고락의 인과 중에 고의 과보가 생길 때가 되었다고 보면 틀림이 없다.

만약 나쁜 꼴을 보고 기분이 좋지 않다면, 내가 좋은 꼴을 보려고 하는 집착심 때문에 생긴 과보이다. 좋은 꼴을 본다는 것은, 나쁜 꼴을 보지 않으려는 집착심 때문에 생긴 과보로 보면 된다. 하지만 좋은 꼴을 본 과보로 인해 나쁜 꼴을 또 보게 되는 인과의 업은 남게 된다. 그러므로 좋고 나쁜 두 가지의 견해를 굳이 좇아가지 말라는 것이 이번 구절의 뜻이 되겠다. 게송 '견유몰유(遣有沒有) 종공배공(從空背空)'에서 한다고 유(有)를 추구하다 보면 유에 빠지고, 한쪽에 치우치면 반드시 그 치우친 대가를 받게 된다.

따라서 결론적으로 말하면, 크고 작은, 좋고 나쁜, 옳고 그른, 두 가지 견해를 가질 수는 있으나, 어느 쪽이든 취하려 하거나 버리려 하는 집착심을 갖지 않음으로써, 더 즐거워하거나, 괴로워하는 분별심을 놓으라는 말이다. 따라서 어떤 일이건 본래 잘되고 잘되지 않는 것은 없다. 그저 인연

에 의해 흘러갈 뿐이다. 다만, 두 가지 싫고 좋은 견해에 집
착하여 좋은 쪽만을 취하려고 한다면, 좋지 않은 다른 한
쪽의 인과가 생겨서 안 좋은 과보를 받아야 한다는 것을 항
상 반드시 기억해야 한다.

그러니 어떤 일이든, 어떤 현상이든, 어떤 인연이든, 어떤
사건 사태이든, 고락의 감정을 놓고 또 놓고, 인연의 흐름을
그대로 보고 받아들여서 말 한마디, 생각하는 순간, 행동
행동마다, 일어나는 고락의 감정을 방하착하고 방하착해야
한다. 이것도 안되면 기도하라, 그리고 참선하라, 그것도 안
되면 보시하고 정진하라.

二見不住(이견부주)
愼莫追尋(신막추심)
둘로 보는 견해에 머물지 말고
삼가 좇아가 찾지 말라

○

二(이)두이 見(견)볼견 不(불)아닐불 住(주)머무를주
愼(신)삼갈신 莫(막)없을막 追(추)따를추 尋(심)찾을심

22

따지기만 한다면 본래 마음을 잃게 된다

纔有是非
재 유 시 비

紛然失心
분 연 실 심

겨우 옳으니 그르니 따지기만 한다면

본래 마음을 잃고 어지러워지리니

송頌   옳고 그름이 시비라고 한다면
얼마든지 시시비비해도 상관없다.
다만, 마음 감정은 흔들리지 말지니,
고락 분별의 인과가 생기기 때문이다.

강설　　　시비란 '이것이다' '이것이 아니다'라는 두 가지의 마음이니, '이것이다' 함으로 '이것이 아니다'라는 마음이 곧바로 생기게 된다. 사물을 볼 때, 돌을 '돌이다'라고 하고, '나무는 돌이 아니다'라고 하는 것은 지극히 맞는 말이다. 이것을 시비하지 말라는 것은 아니다.

그러나 어떤 이가 나무를 보고 '돌이다'라고 우길 때, '이것은 나무가 아니고 돌이다' 하고 가르치는 것은 아무 상관이 없다. 그럼에도 불구하고 상대방이 나무를 돌이라고 계속 우긴다면 당연히 시비가 벌어질 것이다. 이때 '맞다', '아니다'라며, 분심(憤心)과 진심(嗔心)이 생기지 않는 마음의 상태를 가리켜서 시비하지 않는 마음이라 한다.

분별하지 말라는 궁극적인 목적은 시(是)와 비(非)에 의해 통쾌함과 불쾌함이라는 마음의 과보가 생기는 것을 방지하기 위함이다. 이것이 아니라는 비에 의해 불쾌한 마음의 과보가 생기는 것을 방지하기 위함이다.

따라서 상대가 부부일 수도 있고, 친구일 수도 있고, 동료일 수도 있고, 거래를 하는 사람일 수도 있고, 수많은 상대와 시시비비를 할 때가 많을 것이다. 이때 옳고 그름을 따지게 되는 경우에 절대 감정을 드러내지 말고 이성적으로 대해야 한다.

따져서 이기는 자체가 중요한 것이 아니라는 것을 명심해야 한다. 설사 내가 상대를 따져 이긴다 하더라도 우선은 기분이 좋을지 모르나, 기분이 좋은 만큼의 인과가 생기기 때문에 언젠가는 상대 또는, 다른 곳에서 그만큼의 기분 나쁜 과보를 받게 될 것이기 때문이다.

대부분의 사람들은 이러한 인과의 과보를 전혀 생각하지 않고 살아가고 있지만, 자기도 모르는 사이에 다가오는 인과의 과보로 말미암아 끊임없는 시비 분별로 인한, 고락의 분별이 연속될 뿐이다.

그러므로 꼭 이기려고 하는 마음을 내려놓고, 한두 번 설득하다가 '안된다' 싶으면 얼른 마무리를 짓는 것이 현명한 방법이다. 물론 감정을 드러내지 않고 계속적으로 시비를 이어 간다고 하여 잘못은 없겠으나, 고락의 분별심이 생겨 화가 나거나 괴로운 마음이 생긴다면, 이런 마음 상태야

말로 스스로에게 지는 것이다.

　또한, 따져서 이겼다고 하여 통쾌한 마음을 가져서는 안
된다. 위에서도 설명했듯이 통쾌한 마음의 인과로 인하여
불쾌한 마음의 과보가 기다리고 있기 때문이다. 따라서 항
상 여여한 중도심으로 편안한 마음을 유지해야 한다.

纔有是非(재유시비)
紛然失心(분연실심)
겨우 옳으니 그르니 따지기만 한다면
본래 마음을 잃고 어지러워지리니

○

纔(재)겨우재　有(유)있을유　是(시)옳을시　非(비)아닐비
紛(분)어지러워질분　然(연)그러할연　失(실)잃을실　心(심)마음심

23

둘은 하나로 말미암아 둘이 된다

二由一有
이 유 일 유

一亦莫守
일 역 막 수

둘은 하나로 말미암아 둘이 되니

하나 역시 지키지 말라

송頌   세상에 큰일도 인과의 흐름일 뿐,

간섭을 하거나 간섭을 하지 않거나

중요한 것은 내가 편안한가이다.

편안하려면 시비 분별의 망념에서

벗어나라.

　이번 구절 역시 분별을 경계하는 내용이다. 서양 근대철학의 출발점이 된 철학자 데카르트도 "나는 생각한다. 고로 존재한다"고 말하였다. 생각하는 것은 곧 살아있다는 뜻이다.

더 나아가 부처님께서는, 생각하는 것은 분별로 이어져서 고정관념을 만들어 낸다고 하셨다. 고정관념이란 굳어진 생각을 말하는데, 이것이라는 하나의 생각으로 말미암아 저것이라는 다른 하나의 생각이 생겨나므로, 세상 모든 것을 둘로 나누게 된다는 것이다.

행복을 생각하면 불행이 생기고, 극락을 생각하면 지옥이 자동으로 생겨난다. 물론 태어났다는 생각을 함으로써 죽는다는 생각이 생긴다. 이러한 생각이 실재의 모습이라고 철석같이 믿는 마음을 망념이라 한다.

그래서 만법유식(萬法唯識), 일체유심조(一切唯心造)라 한다. 내가 생각하는 것에 따라 모든 것이 그대로 나타나서 존재하게 된다는 말이다. 문제는 하나의 생각으로 말미암아 또 다른 하나의 생각이 나타나게 된다는 것이다. 즉, 좋은 생각을 하면 덩달아 나쁜 생각이 같이 나타나게 되니, 한 생각은 곧 괴로움을 동반하기 마련이다.

따라서 한 생각이 일어나면 그 생각이 둘로 나누어져 선악 시비 분별의 상대적인 개념이 되고, 이 시비 분별이 수많은 생각으로 갈라져서 결국 온갖 사건 사고의 번뇌 망상이 되어 괴로움으로 이어지게 된다는 말이다. 그러므로 이 한 생각을 없앰으로써 시비 분별을 사라지게 하면서 궁극에는 생사마저 해탈하는 것이 불교의 최종 목적이라 하겠다.

늘 강조하듯이, 사람들은 본능적으로 더 좋은 것을 찾으려고 무지 애를 쓰면서 살아간다. 하지만 더 좋은 것을 찾으면 찾을수록 더 나쁜 인과의 과보가 달라붙는다. 행복한 만큼 불행을 겪어야 하기 때문에 삶의 딜레마라 하지 않을 수 없다. 나방이 불을 좋아하여 불로 뛰어드는 격이라 할 수 있다.

작금 벌어지는 크고 작은 일들이 많다. 북한의 핵을 없애기 위해 여러 국가가 골머리를 앓고 있다. 평화를 유지하기 위해 많은 나라 국민들이 애를 쓴다. 역사적으로 보면 전쟁도 부지기수로 일어났다. 그러나 세계적인 큰일이라 할지라도 사실은 중요한 것이 아니라고 한다면 크게 욕먹을 일일 수도 있겠다. 하지만 이것들은 절대 중요하지 않다.

왜냐하면 역사 역시 인과의 흐름일 뿐이기 때문이다. 평화를 만끽한 인과로 인하여 전쟁이라는 과보가 생기는 것은 너무나 당연한 것이다. 한쪽을 고집하면 다른 한쪽이 생기는 것은 필연일 수밖에 없기 때문이다. 각자의 업이 좋아서 평화를 지키게 되는 때도 있고, 각자의 나쁜 업이 모여서 전쟁이 생기게 되는 것은 지극히 당연한 공업(共業)의 인과이다.

문제는, 평화로운 때에도 어떤 사람은 나쁜 업이 작용하여 무척이나 힘들고 고통스럽기도 하다. 전쟁 중에도 어떤 사람은 좋은 업이 작용하여 무척이나 행복하고 즐거운 때가 있을 것이다. 따라서 결국 각자가 가지고 있는 고락의 업이 중요한 것이다.

그러므로 전쟁이 일어나든 큰 사건이 발생하든, 이 또한 인과의 작용으로서 거대한 공업에 의한 것이므로, 내가 간섭을 하든 간섭을 하지 않든 아무 상관이 없는 것이다. 독립이니 민주 투쟁이니 평화니 옳고 그른 시비니 가족이니 직장이니 사회니 국가니 하는 것들은 시비 분별의 인과가 흐르는 모습들로서, 영원히 인과의 반복만 거듭할 뿐이다.

궁극적으로는 내가 가지고 있는 시비 분별의 관념인 망념을 없애는 것 이외에는 중요한 일이 없는 것이다. 그러기 위해서는 한 생각을 없앰으로써, 또 다른 생각이 과보로 나타나는 것을 방지하여 좋고 나쁜 인과의 과보를 끊고, 영원히 시비 분별이 없는 피안(彼岸)의 깨친 마음을 가져야 한다. 그러함에 세상 무엇보다 더욱더 중요한 일은 바로 기도와 참선, 보시와 정진 이상의 것은 없다.

二由一有(이유일유)
一亦莫守(일역막수)
둘은 하나로 말미암아 둘이 되니
하나 역시 지키지 말라

○
二(이)두이 由(유)말미암을유 一(일)한일 有(유)있을유
一(일)한일 亦(역)또역 莫(막)없을막 守(수)지킬수

130

24

한 생각을 내지 않으면 고민이 없어진다

一心不生
일 심 불 생

萬法無咎
만 법 무 구

한 마음이 나지 않으면
만 가지 일에 허물이 없다

송頌   한 마음을 내면 두 가지 고락이 생기고
한 생각을 내면 두 가지 고민이 생기니,
한 마음을 내지 않으면 고락이 끊어지고
한 생각을 내지 않으면 고민이 없어진다.

강설　　　　이 대목은 12연기를 연상하게 한다. 무명으로 인하여 결국 생로병사(生老病死)와 우비고뇌(憂悲苦惱)로 이어지게 되니, 무명은 곧 한 생각이 된다. 무명, 밝지 못하다는 것은 어리석다는 뜻이니, 어리석음은 곧 분별하는 마음에서 비롯된다.

고로 한 생각은 이것과 저것의 두 가지 분별상을 낳고, 두 가지 분별상은 기하급수적으로 오만가지 고락의 인과를 만들기 때문에, 결국 생각생각마다 고통과 괴로움, 그리고 불편함이 스며 있다는 말이다. 그러므로 한 생각이 없으면 두 가지 분별상이 생길 수가 없다. 그렇게 된다면 어디에 무슨 허물이 있을 것이며, 또 허물 아님이 있을 수 있겠는가 하는 말이다.

그러나 막상 생각을 멈춘다는 것은 불가능한 일이다. 물론 여기서의 한 마음을 내지 말라는 의미는 분별심을 일으키지 말라는 것이다. 하지만 일반인으로서 분별심을 내지 않는다는 것도 불가능한 일이다.

수십 년 수행자도 분별심을 떨쳐내지 못하여 전전긍긍하

는 경우가 많은데, 하물며 일반인들이야 말해서 무엇하랴. 하지만 수행자이건, 일반인이건, 분별심을 걷어내지 않고서는 인과 고락의 과보를 면할 수 없다는 것은 분명하니 마음의 상처를 깊이 받지 않으려면 이를 반드시 극복해야 한다.

우선 쉬운 것부터 실천하도록 한다. 마음먹은 대로 일이 잘되지 않을 때, 억지로 애쓰지 않도록 해야 한다. 왜냐하면 인과에 의한 시절 인연의 모습일 뿐이기 때문이니 무엇이건 개의치 않는 것이 좋다. 설사 일이 잘된다 하더라도 기쁨을 얻은 만큼의 과보로 인하여 다음에 일이 잘되지 않는 때가 또다시 오기 때문이다.

반대로 마음먹은 대로 일이 잘되었을 때는 물론 좋은 일이긴 하지만 겸양과 겸손한 마음으로 크게 기뻐하지 않는 것이 좋다. 기쁜 만큼의 과보로 인해 기쁘지 않은 일이 곧 생길 것이기 때문이다.

항상 강조하는 말이지만 원하는 일이 잘되고 또, 성공하는 것은 그리 중요하지 않다. 잘된 만큼 성공한 만큼의 과보로 인하여 잘되지 않는 일과 실패하는 시절 인연이 반드시 뒤따르기 때문이다.

좋고 잘된다는 한 마음으로 인하여, 나쁘고 잘되지 않는 일이 생기는 것은 만고불변의 인과의 법칙이다. 따라서 좋다 나쁘다 잘된다 안된다 하는 한마음이 없으면, 좋고 나쁜, 잘되고 안되는 일조차 없기 때문에, 그야말로 만법무구(萬法無咎), 어떤 일에도 걸림도 허물도 없게 된다.

잘되든 안되든, 마음을 포함한 세상의 모든 것은 결국 사라지고 만다. 죽을 힘을 다해 이루어 놓은 기막힌 것들이라 해도, 종국에는 흔적도 없이 사라지게 된다. 그러므로 색이 공이 되고, 공이 다시 색이 되는 과정만 남을 뿐이다. 여몽환포영(如夢幻泡影 꿈, 환, 물거품, 그림자), 여로역여전(如露亦如電 이슬, 번개)이다.

그렇기에 집착한들 무슨 소용이 있겠는가? 따라서 무엇을 하고 하지 않는가의 문제가 아니다. 하면 하는 대로 인과를 면치 못하고, 하지 않으면 하지 않는 대로 인과에 걸리니, 가장 좋은 방법은 '좋다 나쁘다, 한다 하지 않는다, 이룬다 이루지 못한다'라고 하는 한 마음, 한 생각을 놓고 또 놓고, 시비 분별하지 않는다. 그저 흐르는 인과를 바라보면서 안온한 마음을 가질 뿐이다. 그래서 승찬대사는 털끝 하나만 움직여도 과보가 생겨 틀리다 하였으니, 마음을 내면 내는 만큼, 고의 과보를 받게 된다는 말이다. 오늘도 기도와 참선, 보시와 정진으로 하루를 보내며, 마음은 방하착이다.

一心不生(일심불생)
萬法無咎(만법무구)
한 마음이 나지 않으면
만 가지 일에 허물이 없다

○

一(일)한일 心(심)마음심 不(불)아닐불 生(생)날생
萬(만)일만만 法(법)법법 無(무)없을무 咎(구)허물구

25

기쁨의 마음을 내지 않으면 슬픔이 오지 않는다

無咎無法
무 구 무 법

不生不心
불 생 불 심

허물이 없으면 연기법도 없고

생기지 않으면 마음도 없다

송頌 기쁨이 오면 슬픔의 대가인 줄 알고
슬픔이 오면 기쁨의 과보인 줄 알아라.
기쁨의 마음을 내지 않으면 슬픔이 오지 않고,
원하는 것이 없으면 원하지 않는 것도
생기지 않는다.

강설　　　허물이 없다는 것은 고민할 것도 없고 고통과 괴로움도 없으며, 따라서 과보가 없다는 말이 된다. 그러므로 무엇이 되었든 이러쿵저러쿵 할 필요가 전혀 없으니, 연기하는 것도 없고, 공도 없으며, 굳이 진리를 찾을 필요도 없다.

그야말로 마음이 텅 비어 있어서 이를 진공(眞空)이라 이름할 뿐, 말과 문자, 그리고 상상으로도 전혀 알 수 없는 경지를 가리킨다. 굳이 억지로 표현하자면 진공묘유(眞空妙有 모두가 진공을 머금은 존재들의 움직임)라 할 것이다.

만약 터럭만큼이라도 생기는 것이 있다면 터럭만큼의 존재가 나타나게 된다. 따라서 생로병사와 성주괴공의 연기가 일어나고, 고락의 인과가 덩달아 달라붙게 되어, 이를 유위(有爲)라 하고 사바라 이름한다.

터럭만큼의 마음이 생기지 않으면, 마음이라는 자체가 생기지 않게 된다. 무구무법(無咎無法)이 곧 불생불심(不生不心)이요, 불생불심이 곧 무구무법이 된다. 불생불멸 또한 같은 의미이다.

이같은 경지에 이르려면 세상과 세속의 삶에는 전혀 집착함이 없는 마음 상태가 되어야 한다. 마치 아이들이 소꿉놀이를 하면서 삶의 전부인 것처럼 울고불고 온 정신을 모두 쏟지만, 어른의 입장에서는 마냥 귀엽게 보는 것과 같다.

지구 안에서는 전쟁을 비롯하여 개인들의 시시비비 등, 온갖 일들이 심각하게 벌어지고 있다. 하지만 지구 바깥에서 이를 바라보는 이에게는 지구 안에서 벌어지는 일들이 그리 중요치가 않다. 다만 지구를 아름답게 바라볼 뿐이다.

아마도 세속을 떠난 집착 없는 마음이란 바로 이런 모습이 아닐까? 웃는 사람을 본다. 웃었으니 인과에 걸린다. 그 과보로 머지않아 울 일이 있을 것이다.

돈을 많이 번 사람을 본다. 돈을 벌었으니 기쁠 것이다. 기쁨이라는 마음이 인과에 걸린다. 머지않아 슬픔이라는 과보를 받게 될 것이다. 피할 수 없다. 한 번 생겨난 것은 사라지는 과보를 받게 되어 있기 때문이다.

기쁨이 생겼다 사라지면 슬픔이 된다. 이를 인과라 하고 사바라 한다. 덫에 걸린 것과 같다. 이와 같은 일들이 짧은 시간에 오고 갈 수도 있고, 수 년, 수십 년, 또는 과거생과 내생에 걸친 긴 시간에 따라오고 갈 수도 있다. 시절 인연이다.

지혜인(智慧人)은 이를 너무나도 잘 알기 때문에 인과에 걸리지 않으려고 한다. 참으로 귀찮기 때문이다. 다람쥐가 쳇바퀴를 돌리고 돌리면 얼마나 힘들겠는가. 그래서 아예 생각을 놓고, 감정을 놓아 마음이 생기지 않도록 한다.

그러나 쉬운 일이 아니다. 그래서 놓고 또 놓는 수행을 하는 것이다. 그 방법 중에 참선이 최고다. 우선 가만히 앉아서 생각을 비우고 화두를 챙긴다. 이와 같이 계속하여 수행하다 보면 말을 하면서도 마음이 생기지 않고, 움직이면서도 감정이 일어나지 않게 된다.

세속의 인과를 피하려면 이 방법밖에 없다. 아니면 그냥 살면 된다. 욕심을 부린 만큼 과보를 받으면 된다. 울고불고 할 필요가 없다. 모두가 스스로 짓고 스스로 받는 자업자득일 뿐이다. 누구를 탓하랴. 헷갈리면 기도하라, 그리고 무조건 보시하라, 계속 정진하라. 오늘도 똑같은 말로 반복하였으나 다시 한 번 곰곰이 생각해 보길 바란다.

無咎無法(무구무법)
不生不心(불생불심)
허물이 없으면 연기법도 없고
생기지 않으면 마음도 없다

○

無(무)없을무 咎(구)허물구 無(무)없을무 法(법)법법
不(불)아닐불 生(생)날생 不(불)아닐불 心(심)마음심

26

불편한 마음, 편안한 마음이 따로 없다

能隨境滅
능 수 경 멸
境逐能沈
경 축 능 침

능(能)은 경(境)을 따라 소멸되고
경(境)은 능(能)을 따라 침몰한다

송송(頌) 하늘을 나는 재주가 있어도
불편한 마음에는 견줄 수 없고
불에 타는 고통이 있어도
편안한 마음에는 견줄 수 없네.

조금 다르게 해석하면, 주관은 객관을 따라 소멸하고, 객관은 주관을 따라 사라진다는 말이다. 능은 주관을 의미하는데 곧 나의 생각이다. 경은 객관을 의미하고 내가 보는 대상이다.

불교 유식(唯識)에서, 일체 만법을 변화시키는 것을 식(識)이라 하는데, 이를 능변(能變)이라 하고, 능변에 의해 나타나는 대상을 소변(所變)이라고 한다.

이번 게송은 자칫 잘못 해석하면 뜻이 잘 이해되지 않기 쉽다. 내 생각이 바깥 경계를 따라 소멸된다는 뜻이 아닌, 소멸시키라는 뜻이다. 바깥 경계에 끄달리지 말라는 것이니, 바깥 경계를 대하면서 주관 즉, 내 생각을 내지 말라, 즉, 분별하지 말라는 말씀이다. 따라서 바깥 경계에 대해 나의 주관적인 분별된 생각을 하지 않음으로써, 바깥 경계 역시 저절로 아무 문제가 생기지 않게 된다는 뜻이다.

살면서 어떤 문제가 생긴다면, 문제의 대상이 문제가 아니라, 이를 문제라고 생각하는 나의 생각이 문제라는 것이다. 살면서 하고 싶은 일도 많고 해야 할 일들도 많을 것이다. 그러나 설사 바라는 일이 잘 이루어지지 않을 때, 바깥에서 그 요인을 찾기보다는 성취하고 말겠다는 나의 생각이 장애를 일으키는 요인이 된다는 것이다.

일상을 살아가든, 수행을 하든, 내가 원하는 마음이 강할수록 장애가 더욱 강해지게 된다. 만약 하늘을 날고자 하는 마음이 강할수록 하늘을 날지 못하는 것에 대한 애탐이 생기게 되고, 내가 죽지 않으려고 하는 마음이 강할수록 죽음을 면할 수 없어서 그 슬픔도 배가 되고 만다.

하늘을 날지 못하는 것은 자연스러운 것이다. 죽음이 다가오는 것도 자연스러운 것이다. 사실 세상 모든 것은 인과 인연에 따라 한 치 오차 없이 정확히 움직이고 있으므로 아무런 문제가 없다. 다만, 이를 억지로 분별하여 내 맘대로 하고자 하는 내 마음이 스스로 문제를 만들고 있다.

'왜'라는 물음도 스스로 만들어 묻는 것이다. '나는 누구인가'라고 할 때도 스스로 지어서 묻는 것이다. 내가 누구이든 누구가 아니든 무슨 상관이 있겠는가. 그렇게 묻고 있는 내가 스스로 문제가 된다는 말이다.

그래서 터럭만큼의 생각조차 틀리다는 것이니, 분별된 생각을 하지 말라는 말이다. '이렇게 되면 잘되고 저렇게 되면 안된다'라는 것은 본래 없다. 다만, 스스로의 생각에 묶여 분별을 짓는 것이니, 모든 것의 장애는 분별된 자아의식에서 비롯된다.

그럼에도 불구하고 '좋네 나쁘네, 옳네 그르네' 하며 분별 망상을 쉬지 않으려 한다면, 그에 대한 인과의 과보로 말미암아 괴로움과 고통이 끊이지 않는다. 이것을 하루빨리 깨쳐서 청정한 마음으로 걸림 없는 삶이 되어야 하겠다.

한 생각은 두 마음의 분별심을 낳고, 분별심으로 인해 고락 시비가 생기며, 고락 시비는 인과를 낳아 고통과 괴로움을 만들어 낸다. 이러쿵저러쿵 아무리 해봐야 거기에서 거기를 벗어나지 못하는 까닭에 한 생각, 한 감정, 분별 망상을 없애야 한다. 그러려면 생각하고 머리를 써서 될 일이 아니라, 무조건 기도와 참선, 보시와 정진으로 고통, 괴로움, 불편함에서 벗어나야 할 것이다.

能隨境滅(능수경멸)

境逐能沈(경축능침)

능(能)은 경(境)을 따라 소멸되고

경(境)은 능(能)을 따라 침몰한다

○

能(능)능할능　隨(수)따를수　境(경)지경경　滅(멸)멸망할멸

境(경)지경경　逐(축)좇을축　能(능)능할능　沈(침)가라앉을침

27

걱정하는 습관이 걱정을 부른다

境由能境
경 유 능 경

能由境能
능 유 경 능

객관은 주관으로 말미암아 객관이요

주관은 객관으로 말미암아 주관이다

송頌 어떤 문제가 생겼다.

문제를 문제라고 생각하는 것은 나다.

문제가 없다고 생각하는 것도 나다.

문제이든 문제가 아니든 나의 문제다.

강설   유식(唯識)불교에 사분설(四分說)이라는 이론이 있다. 상분(相分)과 견분(見分), 자증분(自證分)과 증자증분(證自證分)이다. 상분은 객관을 말하고 견분은 주관을 의미한다. 보이는 대상은 객관 즉, 상분이 되고, 대상을 보는 주관이 견분이 된다.

대상이나 대상을 보는 나의 눈이 둘로 나누어져 있지만, 그러나 보이는 대상이나 보는 내가 서로 떨어질 수는 없다. 어떤 문제가 있다면 그 문제는 객관이 되고, 문제를 보는 나는 주관이 되지만, 그 문제로 말미암아 나의 주관이 움직이고, 나의 주관적인 생각이 문제를 문제로 보게 되니 결국은 내가 문제라는 것이다.

어떤 사건이 벌어졌다면 그 사건을 사건으로 보는 것은 바로 나다. 사건이 없다면 사건이 없다고 생각하는 것도 나다. 이 세상은 상대성으로 이루어져 있고, 상대성이란 바로 분별을 뜻하는데, 그 분별은 바로 나의 주관적인 생각에서 나온다.

일수사견(一水四見)이라는 말도 있다. 물을 놓고 볼 때, 사람은 물을 물로 보지만, 천상인은 수정으로 보고, 아귀는 피고름으로 보며, 물고기는 공기로 본다는 말이다.

각자의 주관적인 생각에 따라 대상을 다르게 본다는 뜻이다. 따라서 사물을 대하거나 생각을 주고받을 때나, 홀로 상상을 할 때도 모두가 본인이 가지고 있는 인식의 틀 안에서 분별로 짐작한다는 것이다.

아무튼 그 어떤 생각이나 감정을 가지건 분별을 떠나지 못한다. 따라서 분별은 두 가지 마음을 낳게 되고, 두 가지 마음은 고락의 감정을 말한다. 고락이라고 하는 분별된 감정을 가지고 있는 한, 고통과 괴로움, 불편과 불만을 피할 수 없다. 그러므로 고락의 감정을 버리고 텅 빈 감정으로 말하고 생각하고 행동해야 한다.

따라서 파도치는 것을 보고 불편한 마음을 가진다면, 파도가 잘못된 것이 아니라 자신의 주관이 불편한 것이고, 파도가 치더라도 마음이 불편하지 않다면, 파도가 편안한 것이 아니라 자신의 주관이 편안한 것이다. 그러니 그 어떤 사건 사고를 보고 마음이 불편하다면, 그 사건 사고가 문제가 있는 것이 아니라, 그 사건 사고를 보는 내 마음이 불편한 것이 되므로 불편한 내 마음이 문제인 것이다.

여기서 반드시 알아야 할 것은, 사람들이 생각하고 느끼는 감정들이 고정불변하다고 믿고 있다는 사실이다. 사람이니까 당연히 생각하는 것이고, 사람이니까 당연히 감정을 느끼는 것이라고 믿는다는 말이다.

그러나 생각하고 느끼는 감정을 더욱더 즐겁고 행복하게 만드는 것이 지상최대의 가치 있는 일이라고 생각하여, 더 발전된, 더 문명화된, 더 좋은 것을 찾으려 무진 애를 쓰고 있다. 하지만 작용 반작용의 법칙처럼, 모든 것에는 인과가 따르게 된다. 결국 나의 주관에 따라 고락의 과보가 이루어진다는 사실이다.

어떻든, 실행면에서 우선 걱정하는 습관부터 고쳐야 한다. 이렇게 되든 저렇게 되든 아무 상관이 없다. 파도가 치면 때가 되어 일어나는 것이고, 때가 되면 파도는 다시 잠잠해질 것이다. 그러니 파도가 치든 말든 걱정할 필요가 없듯이, 세상 모든 일은 이와 같이 걱정을 해도 일어날 것은 일어나고, 걱정하지 않아도 일어나지 않을 일은 일어나지 않는다.

그래서 객관의 대상이 어떻게 움직이건, 객관의 대상을 보는 주관이 편안하면 객관의 대상 역시 편안해져 문제될 것이 아무 것도 없다. 그러나 아무런 문제가 없는 객관 대상을 보더라도 주관이 불편해지면 객관대상도 따라서 불편한 것이 된다. 그리고는 객관대상 때문에 나의 주관이 불편하다고 착각하며, 문제가 없는 객관대상을 고치려고만 한다. 그러니 그렇게 생각하는 나의 주관이 얼마나 힘이 들 것인가.

나의 잘못된 주관을 고치는 것이 곧 업을 없애는 지름길이 되므로, 이는 쉽게 고쳐질 것은 아니다. 따라서 꾸준한 기도와 참선, 보시와 정진을 통해서 나의 주관 즉, 업을 멸해 나가야 한다.

境由能境(경유능경)

能由境能(능유경능)

객관은 주관으로 말미암아 객관이요

주관은 객관으로 말미암아 주관이다

○

境(경)지경경　由(유)말미암을유　能(능)능할능　境(경)지경경

能(능)능할능　由(유)말미암을유　境(경)지경경　能(능)능할능

28

본래 있지도 않았고, 없지도 않았다

欲知兩段
욕 지 양 단

元是一空
원 시 일 공

두 끝을 알고자 하는가
원래 하나의 공이다

송頌   좋은 것도 결국 사라지고
나쁜 것도 결국 사라진다.
좋은 것이든 나쁜 것이든
결국 공으로 돌아가니,
괜한 집착으로 고(苦)를 받을
필요가 무엇이 있을 것인가.

강설　　　　　모든 것은 이래도 사라지고 저래도 사라진다. 알고 보면 본래 있지도 않고 없지도 않은 것이니, 어디에도 집착할 것이 없다는 말씀이다. 양단(兩段)이란 두 가지 분별을 말하는 것이다. 있었으니 없어지는 것이요, 좋은 것이 사라지면서 나쁜 것이 되고, 좋은 것도 나쁜 것도 모두가 사라짐을 반복한다. 결국 얻을 것도 잃을 것도 없는 공일 수밖에 없다는 뜻이다.

문제는, 좋은 것만큼 나쁜 것이 생긴다는 인과의 과보를 이해한다고 하더라도, 나도 모르게 본능적으로 튀어나오는 욕심과 성냄, 그리고 쓸데없이 궁리하게 되는 망상의 탐진치 삼독심을 끊지 못하고 끄달려 살아간다는 것이다.

좋은 것이 있으면 더 좋은 것을 찾게 되고, 나쁜 것이 있으면 무조건 거부하려고 한다. 이런 습관 때문에, 인과의 고락이 잠시도 쉬지 않고 연속되는 것에 끄달려서 안절부절 못하는 마음을 어찌한단 말인가. 이럴 경우 눈으로 보는 것에 의해 집착의 감정이 일어나는 것을 감지하면서 '고락의 인과가 일어나는구나' 하고 가만히 느껴보아야 한다. 듣고, 냄새 맡고, 맛보고, 생각하는 동안에도 이와 같이 느껴야 한다.

그리고 마음이 괴롭거나 고통스러울 때, 슬프거나 아플 때도, '인과에 의해 고락의 감정이 일어나는구나' 하고 관(觀)하며 느껴야 한다. 동시에, 좋은 감정이든 싫은 감정이든, 일체의 감정은 고락 인과에 의한 것임을 알아야 한다. 따라서 좋고 나쁨, 옳고 그름의 분별심을 절대 일으키지 말고 공으로 돌아간다는 것을 동시에 믿어 의심치 않아야 한다.

'이렇게 해야 옳은 것인데', '저렇게 하면 그른 것인데', '이렇게 해야 좋은데', '저렇게 하면 나쁜데'라는 분별심을 내지 말고, 지금 하고 있는 말과 생각, 행동의 신구의 삼업에 대해 탐진치 삼독심을 갖지 않고 집착하지 않으면, 인과가 없는 말과 생각, 행동이 되는 것이다.

굳어진 업습(業習)으로 인해, 말을 하면서도, 생각을 하면서도, 행동 행동의 움직임마다, 순간순간 좋고 나쁨, 옳고 그른 분별과 집착을 끊임없이 내고 있는 자신을 볼 수 있을 것이다. 이러할 때, 인과와 공을 떠올리면서, 재빨리 탐진치 삼독심이 일어나는 것을 얼른 포기하는 마음을 가진다면, 말과 생각과 행동에 있어서 걸림이 없어지고 자유로워질 것이다.

탐욕이 생길 때 얼른 인과와 공을 생각하고, 화가 치밀 때 인과와 공을 생각하며, 잔머리 굴려가며 곰곰이 궁리할 때, 얼른 인과와 공을 생각하면서 재빨리 포기하는 마음을 가지게 되면, 말과 생각과 행동이 순연해져 편안하게 된다는 말이다.

이렇게 하지 않으면 말에 의해 인과를 받게 되고, 생각에 의해 인과의 과보를 받게 되며, 행동에 의해 인과의 업보를 받게 된다. 따라서 고통과 괴로움의 과보를 피할 수 없다.

그래서 항상 놓치지 말아야 할 것은 인과와 공이라는 화두다. '이렇게 돼야 하는데', '저렇게 되면 안되는데'라는 집착으로 말미암아 걱정 근심이 생기므로, 이를 놓고 또 놓는 습(習)을 들여 방하착해야 한다. 그렇게 하기 위한 첫 단계는 기도와 참선, 보시와 정진이니, 절대로 가볍게 여기면 안된다.

欲知兩段(욕지양단)

元是一空(원시일공)

두 끝을 알고자 하는가
원래 하나의 공이다

○

欲(욕)하고자할욕　知(지)알지　兩(양)두양　段(단)구분단
元(원)근본원　是(시)옳을시　一(일)한일　空(공)빌공

29

걱정 근심 뿌리 자르는 법

一空同兩
일 공 동 양
齊含萬象
제 함 만 상

하나의 공이 두 끝과 같으니
삼라만상을 모두 머금는다

송頌   지금 걱정하고 근심하는 것이 있는가?
내가 바라는 것이 있기 때문이다.
바라는 것만큼 고락의 인과가 생기니,
바라는 것, 고락 인과마저 공으로
돌아가리니…

강설　　지금 걱정하고 있는 것이 있다면 바라고자 하는 욕심이 있기 때문이다. 걱정하는 것과 바라는 욕심 이 둘을 양 끝이라 한다. 걱정하는 마음이나 바라는 욕심 모두 나타났다 사라지는 공에 지나지 않으니 삼라만상 모두가 그렇다는 말이다.

　사람들이 고민하고 괴로워하는 모든 것은 바라고 원하는 바를 미리 정해 놓기 때문이다. 그러나 욕심 없이 원하는 것을 미리 정해 놓지 않고 결과에 상관 없이 자기 할 일을 최선을 다해 한다면 결과 또한 미련이 없게 된다.

　욕심을 부려 원하는 것을 정해 놓으면, 그때부터 걱정 근심과 고민이 생기게 된다. 세상의 이치나 마음의 업식(業識)은 인과로 묶여 있기 때문에, 원하는 만큼 고심하게 되고, 얻은 만큼 잃게 되며, 좋은 만큼 싫은 것이 생기는 까닭이다.

　작은 일이든 큰일이든, 의미 있는 일이든 의미 없는 일이든, 혼자 하는 일이든 수만 명이 하는 일이든 모두가 인과의 과보를 벗어날 수 없으니, 성취하면 성취하는 대로 성취하지 않는 인과가 생기고, 기쁨과 즐거움이 생기면 생기는 대로 인과가 생겨서 슬픔과 괴로움이 기다리고 있다.

그러니 이런 일이 되었건 저런 일이 되었건, 인과를 피할 수 없다. 하지만 인과 자체가 꿈같고, 환 같고, 물거품 같고, 그림자 같아서, 결국은 모두 다 사라지고 마는 공에 지나지 않는다. 따라서 걱정 근심할 이유도 필요도 없는 것이다.

그러므로 미리 짐작하여 걱정하거나, 원하는 바를 내세워 지레 근심하는 마음을 내려놓고, 인연이 닿으면 닿는 대로 아무 의심 없이 대하고, 이렇게 되든 저렇게 되든 고락의 감정을 일으키지 않도록 인과와 공에 대해 굳건한 신심을 가져야 한다.

그리하여 다가오는 인연에 대해 좋고 싫은 분별의 감정을 일으키지 말고, 고스란히 그대로 받아들일 줄 아는 습관을 꾸준히 길러나가야 한다. 인과와 공에 대해 조금도 의심 없는 신심을 가지게 되면, 웬만한 일에는 눈도 깜빡하지 않고, 그 어떤 일이건 편안한 마음으로 받아들일 수 있게 될 것이다.

一空同兩(일공동양)

齊含萬象(제함만상)

하나의 공이 두 끝과 같으니

삼라만상을 모두 머금는다

○

一(일)한일　空(공)빌공　同(동)한가지동　兩(양)두양

齊(제)모두제　含(함)머금을함　萬(만)일만만　象(상)모양상

30

즐거움이 괴로움의 과보를 낳는다

不見精麤
불 견 정 추

寧有偏黨
영 유 편 당

세밀하고 거친 것을 나누어 보지 않는다면

어찌 치우침이 있겠는가

송頌   즐거움은 괴로움의 과보를 낳고
괴로움은 괴로움의 업습(業習)을 만든다.
즐거움과 괴로움 두 분별심을 멸해야
중도심 되어 괴로움 없는 부처의 경지.

강설　　　인간의 가장 큰 문제는 분별심이다. 분별심으로 인해 생사고락이 생기기 때문이다. 전쟁과 평화, 건강과 병마, 젊음과 늙음, 성공과 실패, 얻음과 잃음, 사랑과 증오, 호감과 비호감, 단명과 장수, 안락사와 급사, 행복과 불행, 지옥과 극락 등등…. 모두가 분별된 마음에서 나오는 현상들이다.

인과 윤회란 바로, 이 두 가지 다른 성질의 관계가 하나의 마음에서 나오는 것이다. 따라서 어느 한쪽만을 취할 수 없으므로, 오랜 세월을 거치더라도 시절 인연에 따라 둘 모두 경험하게 된다는 것이다. 그래서 좋은 것도 문제요, 좋지 않은 것도 문제이며, 성공하는 것도 문제요, 성공하지 않는 것도 문제다. 이 둘 모두가 문제인 것은 바로, 분별하는 마음이 생기기 때문이다.

좋은 것은 나쁜 과보를 낳기 때문에 문제이고, 나쁜 것은 나쁜 그 자체이기 때문에 문제다. 태어남이 마냥 좋은 것이 아니라는 것은, 죽고 사라지는 인과의 과보를 받기 때문이다. 불교의 최종 목적은 성불로서 곧, 부처가 되는 것이다. 부처란 바로 분별하지 않고 한쪽으로 치우치지 않는 중도의 마음을 가리킨다.

불교의 중도사상으로 보자면 옳고 그름을 따지거나, 좋고 나쁜 것을 분별하는 것은 매우 비불교적인 것이다. 백번 양보하여 시비 분별을 한다 하더라도, 고락의 감정이 움직이는 것은 막아야 한다. 눈으로, 귀로, 코로, 맛으로, 감촉으로, 생각으로, 육근(六根)과 육경(六境)이 작동하는 것은, 최종적으로는 좋고 나쁜 감정으로 귀결되기 때문이다.

그러나 감정이란, 좋은 감정과 좋지 않은 감정으로 분별된다. 이 두 가지 감정이 서로 인과 관계로 엉키게 되어, 끝없이 윤회하며 고락이 계속된다. 사람들은 상대와 대화를 하면서도 상대의 표정과 말, 손짓발짓 등 일거수일투족에 따라 오만가지 신경을 곤두세우면서 기분이 좋기도 하고 좋지 않기도 하며 별별 감정이 들락날락하곤 한다.

좋은 말, 좋은 표정, 좋은 매너, 좋은 거래 등 좋고 나쁜 또는, 좋고 싫은 분별심을 이미 정해 놓고, 좋은 것만 취하려는 분별심 때문에, 한쪽으로 치우친 좋은 감정만을 선호하게 된다.

그러나 분별은 그 자체로 두 가지 것이 나누어지게 됨으로, 설사 한쪽을 선택한다 하더라도, 결국 인과에 의해 다른 한쪽을 맞이할 수밖에 없다. 마치 해가 뜨는 원인으로 말미암아 해가 지는 결과를 맞이할 수밖에 없듯이, 밀물의 원인으로 말미암아 썰물의 결과인 인과의 과보를 맞이할 수밖에 없는 것과 같다. 따라서 그 고락의 감정도 이와 같이 그 대가를 반드시 치러야 하는 것이다.

그러므로 진정한 불자는 기본적으로, 상대를 통하여 옳고 그름과 좋고 나쁜 분별심을 절대 일으키지 말아야 한다. 그러나 그보다 더욱 중요한 것은, 좋고 나쁜 감정을 나누어서 분별하는 마음을 갖지 말고, 즐거움과 괴로움의 고락 감정을 일으키지 않아야 인과의 과보가 없을 것이다. 이것만은 반드시 명심하여 지켜나간다면, 8부 능선을 넘은 것과 같으므로 마음을 편안히 할 수 있을 것이다.

不見精麤(불견정추)

寧有偏黨(영유편당)

세밀하고 거친 것을 나누어 보지 않는다면

어찌 치우침이 있겠는가

○

不(불)아닐불 見(견)볼견 精(정)자세할정 麤(추)거칠추

寧(영)편안할영 有(유)있을유 偏(편)치우칠편 黨(당)무리당

31

깨달음은 쉬움도 없고 어려움도 없다

大道體寬
대 도 체 관

無易無難
무 이 무 난

대도는 바탕이 너그러워서

쉬움도 없고 어려움도 없다

송頌 제아무리 큰일을 한다 해도
인과의 과보에 걸려 괴롭게 된다.
그 어떤 일을 하더라도 그 일이
중요한 것이 아니다.
순간순간 찰나찰나
분별 고락 감정을 방하착하라.

강설   '대도무문(大道無門)'이라는 말을 많이 쓰고 있다. 송나라 선승 혜개(慧開. 1183~1260)스님께서 지으신 〈무문관(無門關)〉이라는 수행의 이치를 담은 화두를 모은 책에, '대도무문 천차유로(大道無門 千差有路 큰길에는 문이 없으나 갈래길이 천)이로다'라고 하는 대목에서 비롯된 말이다.

대도(大道)는 '깨친 마음'이라는 뜻도 된다. 마음을 깨치면 분별심이 완전히 사라져서, 천 가지 만 가지 일이 생기더라도 아무 문제가 안된다는 뜻으로서, 들고 나는 문(門)이 따로 없다는 말씀이다.

누가 나에게 욕을 한다 해도 마음에 걸림이 없으므로 편안하고, 아무것도 없는 빈털터리가 된다 하더라도 마음에 걸림이 없으면 편안하게 된다. 배가 고프면 고픈 대로, 배는 고프지만 마음은 편안하고, 죽을 지경에 이른다 하더라도 고통과 괴로움이 없어서 편안한 마음이 된다.

이 정도의 마음이 되려면, 인과의 이치를 확연히 믿고 한 치의 의심이 없어야 한다. 또 모든 것은 공에 지나지 않으므로, 여몽환포영 여로역여전과 같다는 올곧은 신심에 눈꼽

만큼의 틈도 없어야 한다.

업으로 뭉쳐져 있는 본능적인 탐심(貪心)과 진심(瞋心), 치심(癡心)의 삼독심이 일어남에 따라, 탐내고 성내고 오만가지 망상을 부리면서 본능에 끌려다닌다면, 그에 따른 인과의 과보로써 고통과 괴로움이 늘 따르게 될 것이다. 이를 여실히 알고 조금도 의심 없는 신심으로 똘똘 뭉쳐져 있어야 한다.

모든 것은 마음이라고 하는 감정 안에서 일어났다 사라지고, 사라졌다 일어나게 됨이니, 무한 반복하는 도돌이표와 같이 윤회고만 있을 뿐이다.

바다와 같은 대도(大道)의 마음이 필요하다. 물결이 일고 파도가 치며, 밀물과 썰물이 무한 반복하며 오고 가고, 왔다 갔다 하지만, 그런다고 바다가 달라지거나 변하지 않는다. 일생을 살아가면서 오만가지 일들이 일어났다 사라짐이 마치 바다의 물결, 파도와 같이 마음의 감정도 이와 같다는 말이다.

그러니 본래 쉬운 것도 어려운 것도 없으니, 좋고 나쁜 분별심으로 살아가지만 좋고 나쁨도, 옳고 그름도 결국 그 자리에서 일어났다 그 자리에서 사라지는 그림자와 같은 것이다. 그러므로 집착한들 무슨 소용이 있으며, 애쓴들 무엇이 남겠는가.

남을 이기거나, 사업을 성공하거나, 돈을 벌거나 등의 행위들은 나를 기쁘게 하는 요소가 되므로 집착하지 않을 수 없다. 그러나 늘 강조하다시피, 내가 기쁜 만큼 인과의 과보가 생겨서 언젠가는 지거나, 실패하거나, 돈을 잃거나 하는 괴로움을 당할 수밖에 없다.

이러한 분별로 인한 인과가 무한 반복되는 것을 윤회라 하였듯이, 어떤 행위나 행동을 하게 되면, 그에 따라 고락의 과보가 발생하게 되므로, 이는 곧 다람쥐 쳇바퀴 도는 형국에 지나지 않는다.

결국 어떤 일을 하고 또, 한다는 것이 중요한 게 아니다. 고락의 분별심을 일으키지 않고 무심한 상태에서 고락의 분별을 하지 않는 마음이 가장 중요한 것이다. 그러므로 어떤 일을 하거나, 또는 하지 않더라도 그 일에 있어 마음 감정을 일으키지 말고, 인과와 공에 대한 굳건한 신심을 잃지 말아야 한다. 일을 성취하려는 마음, 성취하지 못하면 어쩌나 하는 분별심을 과감히 털어내고 걱정 근심을 놓아야 한다.

그래서 하는 일이 잘되거나 못되거나에 집착하지 말고, 분별하지 않는 무심한 상태에서 일을 해 나간다면, 결과에 상관없이 그 자체로서 일은 성취된 것이나 다름없다.

화가 나고 마음이 불편하다면, 이미 어떤 일을 하는 데 있어서 그 일에 대해 탐내고 집착하고 있다는 인과의 증거라 하겠다. 한 치도 의심 없는 돈독한 신심을 갖춤으로써 이런 마음의 감정마저 놓고 또 놓아 방하착하는 연습을 날마다 계속해 나가야 한다.

아무리 바쁘고 어려운 일을 한다 하더라도 사실은 하나도 중요한 것은 없다. 가장 중요한 것은, 기도와 참선, 보시와 정진을 앞세워서, 단 1분 단 하루라도 빠짐없이 정성을 들여 대도(大道)의 마음을 갖추는 토대가 되어야 한다.

大道體寬(대도체관)

無易無難(무이무난)

대도는 바탕이 너그러워서
쉬움도 없고 어려움도 없다

○

大(대)큰대 道(도)길도 體(체)몸체 寬(관)너그러울관
無(무)없을무 易(이)쉬울이 無(무)없을무 難(난)어려울난

32

급하게 서두를수록 더욱 늦어진다

小見狐疑
소 견 호 의

轉急轉遲
전 급 전 지

좁은 견해로 여우같이 의심하면
급하게 서두를수록 더욱 늦어진다

송頌　　의심은 인과와 공을 믿지 않음이니,
이는 여우 같은 소견(小見)이니라.
인과와 공을 믿으면 모두를 믿게 되므로
신심이야말로 시비 분별을 멸한다.

강설 여우 같이 의심하는 소견(小見)으로는 원하는 것을 빨리 성취하고자 하나, 그럴수록 늦어지거나 이루지 못한다는 말이다. 여기서 의심한다는 것은, 인과를 믿지 못하거나, 믿지 않고, 무조건 원하는 것을 성취하고자 하는 마음을 가리킨다. 원하는 것을 성취하고자 할수록, 성취하지 못하는 것도 덩달아 생긴다는 것을 믿지 않거나, 믿지 못하는 것을 여우 같은 잔꾀의 의심이라 한다.

의심을 하는 경우는 두 가지가 있다. 인과와 공을 믿지 않는 것이 하나의 의심이요, 인과와 공을 왜 믿지 못하는가에 대한 성찰과 참회의 의심이 그 하나이다. 첫번째 의심은 대개의 사람들이 공통적으로 하는 의심이고, 두번째 의심은 수행을 잘하는 공부인의 의심이다.

인과와 공을 애초에 믿지 않거나, 믿는다 하더라도, 실제로 실행하지 않는 사람은 고락의 감정에 휘말려 항상 웃고 우는 인과가 반복적으로 발생하게 된다.

그리하여 늘 고통과 괴로움의 과보를 안고 살아가는 사람들로서, 원하는 것을 급하게 이루려고 엄청 애를 쓴다. 하

지만 급할수록 더디게 이루어지거나 아예 이루어지지 않게
되는 것이 중생계의 일이다.

그러나 진정한 수행자는 인과와 공에 대한 믿음은 굳건
하지만, 업과 습(習 버릇)에 의해 자신도 모르게 튀어나오는
순간적인 탐심과 성냄, 그리고 여우와 같은 잔꾀의 망상에
대해 '왜 이럴까' 하고 자신의 업을 의심하며 항상 스스로
성찰하고 참회하는 자세를 취하게 된다.

여우 같이 의심을 많이 하는 사람은 무조건 남 탓을 한
다. 남 탓을 한다는 것은 상대 때문에 내가 원하는 것을 방
해 받는다고 생각하기 때문에 스스로 기분이 나쁘게 된다.

그러나 기분이 나쁘다는 것은 벌써 스스로 인과의 과보
를 자인(自認)하는 것이다. 그러므로 항상 마음이 불편하고
불안할 수밖에 없다. 이는 순전히 남을 탓하고 인과를 믿지
않는 것에서 오는 자업자득의 결과이다.

사람들은 대개 누구 때문에, 또는 무엇 때문에, 불리하거
나, 좋지 않은 결과로 인해 생긴 나쁜 기분과 좋지 않은 감

정을 남의 탓으로 돌리는 경우가 부지기수이다.

그러나 스스로 분별된 시비의 마음이 없다면, 상대방 또는 나 이외의 것들이 어떤 짓을 하더라도 내 마음의 감정과는 별 상관이 없는 일이다. 결국 나 스스로 여우 같은 의심이 없어져서 내 마음은 늘 평온하고 편안하게 된다.

잘잘못은 아무런 의미가 없다. 잘잘못을 분별함으로 인하여 내 마음 내 기분이 좋고 나쁘게 되는 것이 문제다. 결국 내가 잘잘못에 대해 분별하지 않으면, 좋고 나쁜 감정이 생기지 않게 되므로, 시시비비는 의미가 없는 것이 된다.

바닷속 고기들이 살아가는 풍경이나, 동물이 살아가는 축생 세계에서도 오만가지 시시비비와 그들만의 사건 사고가 끊이지 않을 것이다. 그러나 내가 그들의 살아가는 모습에 대해 분별하지 않고 무심(無心)하므로 그들의 시시비비는 내게 아무런 의미가 없는 것이 된다.

마찬가지로, 설사 남들이 나에 대해 시시비비를 한다 하여도, 그에 대해 분별된 마음 없이 여우와 같은 의심을 하지 않고 급한 마음을 갖지 않는 이상, 편안한 마음을 잃지 않게 된다.

  시(是)는 비(非)의 인과를 낳고, 낙(樂)은 고(苦)의 인과를 낳는다는 사실을 의심 없이 받아들이는 굳건한 신심을 가지려면 기도와 참선, 보시와 정진이 늘 함께해야 하느니, 그렇지 않으면 작은 티끌 하나에도 불편하고 불안한 마음을 거두지 못하게 된다.

小見狐疑(소견호의)
轉急轉遲(전급전지)
좁은 견해로 여우같이 의심하면
급하게 서두를수록 더욱 늦어진다

○

小(소)작을소 見(견)볼견 狐(호)여우호 疑(의)의심할의
轉(전)구를전 急(급)급할급 轉(전)구를전 遲(지)늦을지

33

집착하면 삿된 길로 들어간다

執之失度
집 지 실 도

必入邪路
필 입 사 로

집착하면 법도를 잃고서

반드시 삿된 길로 들어간다

송頌   좋은 것과 나쁜 것의

분별심으로 인하여

좋은 만큼 나쁜 것도 얻을 수밖에 없다네.

좋은 것을 집착하면 나쁜 것도 생겨나니,

분별심과 집착심을 여의면 그대로 부처.

강설　　　집착이 생기는 이유는 좋은 것을 찾기 때문이다. 좋은 것을 찾는다는 것은 곧, 좋은 것에 집착하는 마음인데, 이는 분별심으로서 인과의 과보를 받게 됨이니, 집착은 바로 고통과 괴로움을 수반하게 된다.

필입사로(必入邪路) 즉, 반드시 삿된 길로 간다는 말씀인데 곧, 고통과 괴로움을 당하게 된다는 뜻이 되겠다. 좋은 것 속에서도 분별심이 일어나게 되니, 좋은 것 가운데에도 좋은 것과 나쁜 것으로 다시 분별하고, 나쁜 것 가운데서도 좋은 것과 나쁜 것을 분별하게 된다.

좋은 금덩이 두 개 가운데 하나를 선택하라고 한다면, 좀 더 크고 빛나는 것을 선택하려 할 것이고, 좋은 금덩이라 할지라도 그 가운데 더 나쁜 것이 생겨나게 되는 법이니 바로 분별심 때문이다.

길을 가다가 금덩이를 주워서 기분이 매우 좋았으나, 조금 있다가 금덩이를 잃어버리고 나니 기분이 매우 나빴다. 금덩이를 주울 때의 마음과 잃었을 때의 마음을 분별심이라 하고, 금에 대한 탐심을 집착심이라 한다.

따라서 금덩이에 대해 집착하는 마음이 없다면, 기분이 좋거나 나쁘다는 분별심도 없을 것이다. 집착은 곧 기분이 나빠지는 삿된 원인이 된다.

　일상의 모든 일도 비슷한 일의 연속이다. 얻을 때의 기쁨이 있으면, 잃어버릴 때의 슬픔과 괴로움이라는 인과의 법칙에서 벗어날 수가 없다. 그러므로 얻을 때의 기쁨과 잃을 때의 고통을 분별심이라 하고, 기쁨을 얻으려는 집착과 괴로움을 당하지 않으려는 집착이 동시에 일어나는 것이다.

　좋은 것이 생기므로 나쁜 것이 생기는 것은 인과의 법칙이다. 좋고 나쁜 분별심은 마음의 업에서 생긴다. 따라서 좋았다 나빴다, 기뻤다 슬펐다 하는 분별심으로 말미암아 마음은 더욱 피폐하게 되고, 생사고락이 끊임없이 윤회하여 어지럽게 된다.

　만법평등이라는 말이 있다. 모든 것은 고락과 시비, 호(好) 불호(不好) 없이 평등하다는 뜻이다. 만약 분별심과 집착심이 없다면, 좋고 나쁨이 어디에 있을 것이며, 옳고 그름이 어디에 있을 것인가. 따라서 즐겁고 괴로움의 업 또한 생겨

나지 않게 되는 것이다.

결국 선택의 문제다. 즐거움을 얻으면 괴로움의 과보를 받아야 하고, 옳은 것이 있으면 그른 것도 생겨나게 되며, 좋은 것에 집착하면 나쁜 것이 생겨나게 되는 인과의 과보를 선택할 수도 있겠다. 또 분별심과 집착심을 멸하여, 생멸멸이(生滅滅已) 적멸위락(寂滅爲樂), 중도의 평온을 선택하는 길도 있다.

매 순간 고락 시비의 분별심을 일으키지 않으려면, 어떤 것에도 집착하지 않는 습관을 길러야 한다. 그렇게 되려면 어떤 대상에도, 상대의 어떤 말과 어떤 행동에도, 좋고 나쁜 분별을 하지 말아야 하며, 어떤 물건이나, 어떤 명예에도 집착하지 않아야 한다.

세상이나 마음에는 공짜가 절대 없는 법이다. 하나를 얻으면 하나를 잃게 되는 인과의 법칙을 철저히 믿는 신심이 있어야 고통과 괴로움의 과보를 받지 않는다.

執之失度(집지실도)

必入邪路(필입사로)

집착하면 법도를 잃고서

반드시 삿된 길로 들어간다

○

執(집)잡을집 之(지)갈지 失(실)잃을실 度(도)법도도

必(필)반드시필 入(입)들입 邪(사)간사할사 路(로)길로

34

본래 본바탕은 가거나 머무름이 없다

放之自然
방 지 자 연

體無去住
체 무 거 주

놓아버리면 본래 그러하니

본래 본바탕에는 가거나 머무름이 없다

송頌   생각과 감정은 인과를 낳게 되니

즐거움에 의해 괴로움도 갖게 된다.

모든 모습은 본래 그저 그러할 뿐인데(體)

나의 생각과 감정이 시비 분별을 일으킨다.(用)

강설   가끔 하늘을 보고, 구름을 보고, 산천을 보고, 흐르는 강물을 보고, 넓은 수평선을 보고, 무심한 상태에서 보면 그냥 그대로일 뿐이다. 지나가는 사람들을 보고, 달리는 자동차를 보고, 기어가는 벌레를 보고, 하물며 병원에 실려 가는 사람을 보고, 죽는 사람을 보고, 무덤을 보더라도 아무런 생각 없이 그냥 그대로 본다면 본래 그냥 그러할 뿐이다.

그러므로 나의 생각과 감정만 놓아버리면 움직이는 것이나, 움직이지 않는 것이나, 본래 그냥 그대로일 뿐, 거기에 무슨 고락 시비와 가타부타가 있겠는가.

체무거주(體無去住)의 체(體)는 본래 체용(體用)이라는 이론에서 나온 것인데, 중국의 서당불교에서 인도불교를 중국불교화 할 때, 그 이론을 체계화하기 위해 사용한 용어였다. 뒷날 송나라 유학자들이 이를 유가(儒家) 철학에서 이론적이고 조직적으로 사용하였다.

〈중용〉의 '중화장(中和章)'에서도 희로애락(喜怒哀樂)이 일어나지 않은 본래의 상태를 성(性)으로써 체(體)라고 보고, 이를 일으켜 인과 법도에 맞게 나타나는 것을 화(化)라고 하고, 정(情)의 발로인 용(用)이라고 보았다.

아무튼, 생각에 의해 감정이 나타나는 것을 용이라고 하고, 용 이전의 본래 본바탕을 체라고 한다. 따라서 생각과 감정은 인과가 생겨날 수밖에 없는 것이다. 그러므로 생사와 고락, 호오, 시비, 분별을 일으킨다.

분별심은 반드시 정반대의 대가를 치르게 된다. 용 즉, 움직이는 작용인 인과의 그림자 이전의 상태를 본래 본바탕 즉, 체라고 한다. 생각과 감정의 작용을 빼고 나면, 그저 그냥 그러할 뿐이라는 말이다.

생각과 감정이라는 작용에 따라 좋은 감정과 나쁜 감정이 생겨나게 된다. 따라서 좋은 감정으로 말미암아 좋은 사물이 나타나고, 나쁜 감정으로 인해 나쁜 모습이 나타나게 된다. 또 배부른 감정은 배고픈 감정을 만들어 내고, 명예로운 감정은 불명예로운 감정을 생겨나게 하며, 잘사는 감정은 잘못 사는 감정을 만들어 내니, 이를 인과의 작용이라 하겠다.

그러나 이 모든 고락의 감정은 인과에 의해 좋고 나쁜 과보의 작용으로서 계속 윤회하게 된다. 즐거운 감정으로 말미암아 괴로운 감정의 과보를 받게 되는 쳇바퀴와 같은 작용을 벗어날 수 없다.

좋은 감정이든 나쁜 감정이든 고락의 인과 감정을 빼고 나면, 산은 그저 산이요, 물은 그저 물일 뿐, 좋고 나쁨이 어디에 있으며, 바르고 그름이 어디에 있겠는가.

그러므로 좋은 감정이든 나쁜 감정이든 감정 자체가 작용을 하면, 생사에 의해 고락의 감정이 생겨나고, 성패에 따라 고락의 감정이 나타난다. 득실과 거래, 애증, 빈부, 장단 등에 따라 고락의 감정이 생겨나므로, 이는 그림자와 같고, 물거품과 같고, 이슬과 번개와 같아서 고락의 감정만 시끄러울 뿐이다.

이와 같이 세상의 모든 모습은 본래 그냥 그대로일 뿐이나, 각자가 가지고 있는 감정과 생각에 따라 고락과 시비로 분별되는 것이다. 나타나는 현상마다 고락과 시비로 분별의 생각과 감정이라는 작용을 벗겨내고 놓아버린다면, 그냥 그대로 그 자체일 뿐이다.

문제는, 각자 가지고 있는 생각과 감정에 의해 그림자를 그림자로 보지 않고, 고락과 시비로 분별이 자신에게서 나오는 것인 줄도 모르고, 진짜로 그 실체가 본인 마음 밖에 따로 있는 것처럼 생각하고 감정을 가진다는 것이다.

그러니 웬만한 일들은 그저 인과 인연 따라 생겨났다 사라지는 아침이슬과 같이 생각하여 집착하거나 삼독심을 내지 말고, 생각 빼고, 감정 빼고, 그저 있는 그대로, 보는 그대로, 그저 그러할 뿐이라고 체득해야 그 어떤 상태에서도 편안하고 평온한 마음을 유지할 수 있을 것이다.

그런 의미에서 오늘도 기도와 참선, 보시와 정진 이외에, 보는 것에 방하착, 듣는 것에 방하착, 생각하는 것에 방하착, 집착하는 마음을 방하착하는 날이 되기를….

放之自然(방지자연)
體無去住(체무거주)
놓아버리면 본래 그러하니
본래 본바탕에는 가거나 머무름이 없다

○

放(방)놓을방 之(지)갈지 自(자)스스로자 然(연)그럴연
體(체)몸체 無(무)없을무 去(거)갈거 住(주)머무를주

35

묻지도 따지지도 말라,
있는 그대로가 중도요 평온이다

任性合道
임 성 합 도
逍遙絶惱
소 요 절 뇌

도와 함께하면 본성에 임하므로
번뇌가 끊어져 한가롭게 노닌다

송頌   다가오는 인연은 한 치 오차도 없으니
의심하지 않고 그대로 받아들인다면
기분과 감정 굳이 더할 것 없으므로
있는 그대로가 바로 중도요 평온일세.

190

강설　　　　도(道)와 함께한다는 의미는 다가오는 모든 것이 곧 길이라는 뜻이다. 다가오는 것을 인연이라 한다면, 다가오는 인연을 계산할 수는 없다. 하지만 어떻게 다가오든지 묻지도 따지지도 말고 그저 그렇게 그대로 받아들이면 그것이 곧 도와 함께 한다는 말씀이다.

그러므로 탐하거나 성내거나 계산하지도 말고, 좋다 싫다라는 분별마저 그치게 되면, 이것이 바로 본성에 임하는 것이 된다. 이를 도와 계합한다고 하며, 번뇌가 저절로 끊어지고 마음은 한가롭게 노닐게 된다.

물결이 이는 것을 따지지 않듯이, 바람이 부는 것을 계산하지 않듯이, 해와 달이 뜨고 짐에 시비하지 않는다. 이처럼 사람 간의 관계에서 온갖 일이 벌어지더라도 따지거나 계산하지 않고 시시비비하지 않으며, 그냥 그저 보고 지고 그렇게 받아들인다면, 도와 본성에 임하여 마음은 한가롭게 노닐게 된다는 말이다.

이렇게 한들, 저렇게 한들, 인과 인연 따라 나타났다 사라지는 것이어서, 아무리 애써 본들, 집착해 본들, 지나고 나면 구름 흩어지듯, 물결 가라앉듯, 무엇이 남고 무엇이 영원할 수 있겠는가.

문제는, 나의 숙업(宿業)에 의한 고락의 감정이 뜨고 지고 하는 것, 이 또한 허무하기 이를 데 없다. 그렇거나 말거나 지금 이 순간도 이놈의 기분, 집착과 계산, 망상이 한시도 참지 못하고 일어나는 감정, 이것을 어찌할 것인가?

그렇다고 망둥이처럼 뛰는 마음을 가만히 놔둔다면, 고락 감정의 인과로 인해 고통과 괴로움의 순간들을 순연하게 극복할 수 없다. 따라서 이렇게 마음이 복잡하고 힘들 때는 부처님의 말씀을 믿고, 마음을 공하게 비워 인과 인연을 믿고 맡겨야 한다.

그리하여 있는 그대로 받아들이는 습관을 길러서 순간순간 인과와 공을 재빨리 생각하여 일어나는 감정을 항상 경계하여야 한다.

이는 좀처럼 힘든 일이기는 하나, 그래서 기도가 필요하고, 참선으로 감정을 다잡으며, 집착하지 않는 마음으로 보시하고, 하루도 빠지지 말고 정진해야 할 것이다.

任性合道(임성합도)
逍遙絶惱(소요절뇌)
도와 함께하면 본성에 임하므로
번뇌가 끊어져 한가롭게 노닌다

○

任(임)맡길임 性(성)성품성 合(합)합할합 道(도)길도
逍(소)노닐소 遙(요)멀요 絶(절)끊을절 惱(뇌)괴로워할뇌

36

생각은 생각을 낳아 꼬리를 물게 한다

繁念乖眞
계 념 괴 진

昏沈不好
혼 침 불 호

생각에 매달리면 참됨과 어긋나니

어둠에 빠져서 좋지 않다

송頌 생각은 생각을 낳아 꼬리를 물게 하니

생각할수록 생각 속에 감정이 묻어 나오므로

감정은 고락 인과를 낳아 괴로워지니

생각을 짧게 하여 고락 감정의 과보를 없애라.

강설 　　　생각이란 좋은 생각과 나쁜 생각, 바른 생각과 그른 생각, 기억과 상상 등으로 나눌 수 있다. 이같은 생각에는 반드시 감정이 스며들어 있으니, 크게 나누어 두 가지 감정인 즐거운 감정과 괴로운 감정의 인과가 생겨난다. 이는 중도의 참됨과 어긋나서 고락의 인과라는 윤회의 어둠에 빠지게 되어 결코 좋지 않다는 뜻이다.

마음을 깨친 자는 생각과 감정을 분리하여 생각은 얼마든지 하더라도, 감정이라고 하는 고락의 인과 업을 완전히 멸하여 없앤 이를 말한다. 하지만 보통 사람들은 생각과 감정을 분리하기가 참으로 어렵다. 생각이 감정을 유발하게 되고, 또 감정은 생각을 유발하기 때문이다.

생각을 한다는 것은 기본적으로 나를 즐겁고 기쁘고 행복하게 하기 위함이다. 미래를 생각하며 꿈을 꾸기도 하고, 과거를 생각하며 추억을 더듬기도 한다.

또 어떻게 하면 출세를 하고 돈을 많이 벌며 사람들에게 인정을 받을 것인가, 또 나를 돋보이게 할 것인가? 그리고 건강과 장수, 자식을 잘 기르는 방법은 말할 것도 없고, 나를 유리하게 하기 위해 남을 속이거나, 이용하는 것조차도 생각 속에서 일어나는 것들이다.

하지만 이러한 생각에는 반드시 기분이 좋고 나쁜 분별된 감정이 스며들어 있으므로, 생각이 문제라기보다 실은 감정의 문제인 것이다.

감정은 곧 고락이라고 하는 분별로 인해 인과가 생기기 때문에, 이는 누구도 피해 갈 수 없는 존재의 이유가 된다. 즐거운 감정을 많이 느끼거나 생각한다면, 그 인과로 인하여 괴로운 감정을 많이 느끼거나 생각을 하기 때문이다.

어떤 일을 성사시키기 위해 생각한 나머지 결국 즐거움을 많이 얻었다면, 그 인과로 말미암아 괴로움으로 인한 생각을 많이 할 수밖에 없는 과보를 받게 된다는 말이다.

그러므로, 생각이란 많이 하면 할수록 고락의 인과가 발생하여 더 큰 고민을 하게 될 수밖에 없다. 따라서 생각은 작게 할수록 고락의 인과가 작아져서 고민과 괴로움 역시 줄어들게 된다는 말이다. 따라서 생각은 생각을 낳게 되고,

고민은 고민을 낳을 뿐이므로, 늘 단순하게 생각하는 버릇을 길러야 한다.

생각이 짧아서 실수하는 일이 더러 생겨나더라도, 실수에 대한 생각마저 단순하게 생각하는 습관을 기르면 고민은 줄어들 것이다. 아무튼 장고 끝에 악수가 나온다는 말과 같이, 자고로 생각은 짧게 하되, 궁극적으로는 생각을 하지 않고도 전혀 불편함이 없는 경지에 다다라야 한다.

그렇게 되려면 상대방의 말에 대해 감정을 드러내지 말아야 하고, 상대의 행동에 대해 따지지 말아야 한다. 그 어떤 말과 생각, 행동의 삼업 즉, 신구의에 있어서도 '그러려니!' 하며 감정을 일으키지 않아야 한다. 이는 곧 인과 인연을 믿고 맡기어, 생각을 단순하게 하는 길이기 때문이다. 기도와 참선, 보시와 정진의 공덕으로 생각과 감정을 없앰으로써, 인과 인연에 모든 것을 맡긴다면 편안하고 평온한 마음을 갖게 해 줄 것이다.

繫念乖眞(계념괴진)

昏沈不好(혼침불호)

생각에 매달리면 참됨과 어긋나니

어둠에 빠져서 좋지 않다

○

繫(계)맬계 念(염)생각염 乖(괴)어그러질괴 眞(진)참진

昏(혼)어두울혼 沈(침)가라앉을침 不(불)아닐불 好(호)좋을호

37

정신이 피로하고 어지럽다면 욕심 때문이다

不好勞神
불 호 노 신

何用疎親
하 용 소 친

정신이 힘든 것을 좋아하지 않는다면
어찌 멀리하거나 가까이할 필요가 있을까

송頌 정신이 피곤하고 어지럽다면
이는 분명히 바라는 욕심이 있기 때문이다.
아서라!
욕심은 오차 없는 과보를 낳으므로
가깝고 멀리하려는
분별심을 내지 말라.

강설   정신이 힘들고 피곤한 것은 내가 원하는 것을 바라고, 원하지 않는 것을 버리려고 하기 때문이다. 원하는 것을 바라는 것은 곧 원하지 않는 것이 있다는 것이고, 원하지 않는 것이 있다는 것은 곧 원하는 것이 따로 있다는 증거이다.

그러므로 원하고 원하지 않는 두 마음은, 동전의 앞뒤와 같이, 손바닥과 손등같이, 한쪽이 생기면 다른 한쪽이 생기는 것이어서 어느 하나만을 선택할 수 없다는 것을 반드시 알아야 한다.

따라서 삶이란, 바로 마음의 감정과 생각의 정신이 오락가락하는 과정을 말하는 것이다. 어느 때는 손등 같은 일이 생기고, 어느 때는 손바닥 같은 일이 생겨서 좋은 때가 있으면 좋지 않은 때가 반드시 생겨날 수밖에 없다는 것을 알아야 한다. 이는 필연적으로 나타나는 인과의 섭리이기 때문이다.

종교공동체 내부의 불미스런 일은 전체에 있어서는 공업(共業)의 일이다. 개개인에 따라서는 개인이 가지고 있는 고락의 업에 의해 그냥 그렇게 감정 없이 보는 사람도 있다. 또 볼수록 화가 나는 사람도 있을 것이다.

최중심에 있는 본인은 그 흐름을 주도하고는 있으나, 시시비비하면서 어떤 것은 마음에 들고, 어떤 것은 마음에 들지 않는다고 하는 하용소친(何用疎親)으로 나누지 않는다는 것이다.

물론 정신이 어지럽고 힘들 수도 있겠으나, 그저 그렇게 인과의 흐름으로 보고, 억지로 가까이하거나 멀리하려는 고락의 감정을 갖지 않는다. 겉으로는 힘들게 보일 수도 있겠지만, 마음의 감정은 크게 요동치지 않는다.

어떤 경우에도 잘되는 것을 가까이하려 하거나, 잘못되는 것을 멀리하려는 분별된 마음을 갖지 않는다. 파도치는 바다를 보거나, 잔잔한 바다를 보거나 간에 그냥 그렇게 보는 것처럼, 벌어지는 현상에 일희일비 끄달리지 않는다. 따라서 마음의 감정은 여여하고 편안하게 해야 한다.

이러한 마음이 되기 위해서는 반드시 전제가 되어야 할 것이 있다. 인과에 대해 한 치 의심 없는 신심을 가져야 한다. 이렇게 되든, 저렇게 되든, 궁극적으로는 결코 손해와 이득, 고락의 인과와 득실의 과보에는 한 치의 차이도 없다는 것을 믿어 의심치 않아야 한다.

그럼에도 불구하고 애가 쓰이고 정신이 피로하거나 마음이 힘들다고 생각된다면, 기도와 참선, 보시와 정진으로 마음의 감정을 다잡아야 할 것이다.

不好勞神(불호노신)
何用疎親(하용소친)
정신이 힘든 것을 좋아하지 않는다면
어찌 멀리하거나 가까이할 필요가 있을까

○

不(불)아닐불 好(호)좋을호 勞(노)힘쓸노 神(신)정신신
何(하)어찌하 用(용)쓸용 疎(소)트일소 親(친)친할친

38

좋고 싫은 감정의 업을 다스려야
싫은 대상이 사라진다

欲趣一乘
욕 취 일 승

勿惡六塵
물 오 육 진

한 수레를 얻고자 하거든
육진경계를 싫어하지 말라

송頌   보고 듣고 맛보고 냄새 맡고
        부딪치고 기억하는
        모든 대상은 아무 문제가 없으나,
        이에 좋고 싫은 감정을 넣는 것은
        바로 나이니,
        나의 고락 감정의 업을 다스려야
        싫은 대상이 사라진다.

여기서 말하는 일승(一乘)이란, 부처님께서 우리를 위하여 여러 가지 교설을 말씀해 주셨지만, 궁극적으로는 오직 하나로 귀착되는 것을 말한다. 이는 곧 분별하지 않는 수레 즉, 반야와 공을 깨쳐서 성불에 이르게 된다는 뜻이다.

이에 비해 삼승(三乘)이라는 설도 있다. 중생들의 근기가 각기 다르기 때문에 성문, 연각, 보살의 가르침으로 깨달음에 이르게 한다는 뜻이다.

따라서 성문에게는 사성제의 가르침을, 연각에게는 12연기법을, 보살에게는 육바라밀이 보다 진실한 가르침이라는 것이다.

〈법화경〉에 따르면, 마치 비가 온 누리에 똑같이 내리지만 비를 맞는 대상에 따라서 받아들이는 양이 각각 다르다고 했다. 부처님의 가르침은 오직 일승이지만, 중생이 자신의 능력과 입장에 따라 이해하고 납득하는 내용이 다르기 때문에 부처님께서는 방편으로 삼승을 설하셨다. 중요한 것은 이와 같이 삼승을 통해 일승으로 들어가기 위해서는 물오육진(勿惡六塵) 즉, 육진 경계를 싫어하지 말아야 한다는 것이다.

육진은 육경과 같은 말로서, 눈으로 보이는 것과 소리, 냄새, 맛, 촉감, 기억을 말한다. 이 모두는 그저 대상일 뿐이므로, 좋고 싫고 할 것이 본래 없는 것이다.

보이는 것은 그저 색깔과 모양일 뿐이고, 소리 역시 크고 작은 소리일 뿐이다. 냄새 역시 이런 냄새 저런 냄새일 뿐이고, 맛이라는 것도 그저 단맛, 짠맛, 쓴맛일 뿐이다. 촉감도 몸으로 느끼는 것일 뿐이며, 기억이라는 법진(法塵)도 그저 지나간 것을 다시 생각하는 것일 뿐이다.

그런데 보이는 것, 들리는 것, 냄새, 맛, 촉감, 기억에다가 자신의 기호에 따라 좋고 싫은 감정을 집어넣는 것이 문제라는 말이다.

보이는 것은 그저 보이는 대상일 뿐이다. 이렇게 보이든 저렇게 보이든, 그 어떤 무엇이 잘못된 것은 아님에도 불구하고 굳이 좋다 싫다, 아름답다 추하다, 이쁘다 밉다라는 감정을 넣을 필요가 있을 것인가?

그러므로 좋은 것을 보려는 인과의 과보로 인하여 싫고 나쁜 것이 반드시 생겨나게 되므로, 이는 순전히 내 마음에서 분별하는 것이다. 보이는 대상이 문제가 아니라 보이는 것에 따라 분별하는 나의 감정이 문제라는 것이다.

따라서 보고, 듣고, 냄새 맡고, 맛보고, 부딪치고, 생각하는 육진에 있어서 좋고 싫다는 분별된 감정을 넣지 말고, 있는 그대로 보고, 듣고, 냄새 맡고, 맛보고, 부딪치고, 생각을 해야 한다. 그렇게 해야 일승의 수레를 타고 좋고 싫은 분별 없이 성불의 길을 가게 된다는 말이다.

일상생활에 있어서도, 보고, 듣고, 맛보는 등의 육진을 대함에 있어, 어떠한 경우라도 고락의 감정을 나타내거나 시시비비를 일으키지 말아야 한다. 왜냐하면 분별 망상으로 인하여 싫고 나쁜, 고통과 괴로움의 과보를 받기 때문이다.

살아가는 것은 때와 장소만 다를 뿐, 누구나 고락의 감정은 똑같이 움직인다. 고락 감정의 인과를 잘 다스리고 싫어하는 마음만 없앤다면, 그 누구라도 일승의 수레를 타고 성불의 길을 갈 수 있을 것이다. 자신이 스스로 감정을 잘 다스리지 못한다고 느낀다면, 기도와 참선, 보시와 정진으로 마음이 달라진다는 것을 금방 알 수 있게 된다.

欲趣一乘(욕취일승)

勿惡六塵(물오육진)

한 수레를 얻고자 하거든

육진경계를 싫어하지 말라

○

欲(욕)하고자할욕 趣(취)달릴취 一(일)한일 乘(승)탈승

勿(물)말물 惡(오)미워할오 六(육)여섯육 塵(진)티끌진

39

즐거움과 괴로움이 없으면 그것이 깨달음이다

六塵不惡
육 진 불 오

還同正覺
환 동 정 각

육진을 싫어하지 않으면
도리어 정각과 같음이라

송頌　하등의 즐거움과 괴로움 없이
무애자재 원융무애하다면
영원히 평안한 피안이 될 것이므로
이를 진정한 깨달음이라 한다.

강설 　　　　중생은 누구를 막론하고 즐겁고 기쁘고 행복하고 만족하기를 원한다. 수면욕, 식욕, 재산욕, 성욕, 명예욕이라는 오욕락으로 이를 충족시키려 한다. 이를 충족시키지 못하거나 모자라게 되면 반대로 괴롭고 슬프고 불행하고 불만족하게 된다. 이러한 과정을 인과라고 한다. 이쪽의 원인으로 말미암아 저쪽의 결과로 이어진다는 뜻이다. 그래서 인과를 업이라고 하여 즐거운 만큼 괴로운 업보를 받고 행복한 만큼 불행의 업보를 받게 된다. 이렇게 삼세양중인과(三世兩中因果)가 계속되는 것을 육도윤회라고 한다.

　또 이와 같은 인과가 이루어지게 만드는 기관을 육근(六根)이라 하고 이 육근으로 감지하는 대상과 현상을 육진(六塵)이라고 한다. 눈으로 보고 즐거우면 눈으로 보고 괴로운 인과 업보가 생기고, 귀로 들어서 행복하면 귀로 들어서 불행한 인과 업보가 생긴다. 눈, 귀, 코, 혀, 몸, 생각 즉, 안이비설신의(眼耳鼻舌身意) 육근으로, 보는 대상인 색경(色境), 듣는 대상인 성경(聲境), 냄새 맡는 대상인 향경(香境), 맛보는 대상인 미경(味境), 부딪치는 대상인 촉경(觸境), 생각하는 대상인 법경(法境) 즉, 색성향미촉법(色聲香味觸法)의 육경(六境) 육진을 감지하면서 즐겁고 괴로운 감정이 생기게 된다.

그러므로 나의 안이비설신의 육근으로부터 시작하여 색 성향미촉법의 대상을 통해 즐거움과 괴로운 감정이 나타난 다는 것을 알 수 있을 것이다. 그런데 문제는 이제부터다. 전술한 바와 같이 즐거우면 즐거운 만큼 똑같은 질량의 괴 로운 과보가 생기는 것을 인과라고 했다. 태어나면 죽는 인 과가 생기고 건강하면 병이라는 인과가 생기며, 해가 뜨면 해가 지는 인과가 생긴다는 말이다. 다만 즐거운 시간과 괴 로운 업보의 시간이 다를 뿐, 반드시 과보 즉, 업보가 생기 게 된다.

그렇다면 간단하지 않을까? 즐거움이 없다면 괴로움도 없을 것이다. 중생과 불보살의 차이는 바로 인과가 있느냐 없느냐의 차이다. 불보살은 고락의 인과가 없으므로 공함 그 자체이다. 중생은 그 반대로 고락이 육도윤회한다. 따라 서 즐거움이 있으면 괴로움이 똑같이 따라붙는 것은 만고 불변의 진리다. 이를 인과법이라 하고 부처님은 이 도리를 설법하셨다.

나의 눈과 귀, 코와 혀, 몸과 생각의 육근으로 감지하는 대상 즉, 보이는 것, 들리는 것, 냄새와 맛, 촉감과 기억의 육경 즉, 육진은 모두 인연 연기할 뿐이다. 서로서로 영향을 주고받으며 생로병사하고 성주괴공만을 거듭한다. 철썩이는 파도와 같고 물거품과 같으며 이슬과 같고 번개와 같다.

때문에 무엇이 옳고 그르며 어떤 것이 좋고 나쁘다는 것은 없다. 그저 주고받고 부딪치며 변할 뿐이다. 문제는 나의 업이라고 하는 좋고 싫은 고락의 인과 감정으로 인하여 즐거움은 괴로움을 낳고, 좋은 것은 싫은 것을 낳으며, 행복은 불행을 낳는 것이다. 따라서 육근 육경 육진으로 말미암아 스스로 고락의 인과 업을 거듭하며 육도윤회하니 순전히 처음부터 나의 문제 즉, 자업자득인 것이다.

오죽하면 육진을 육적(六賊)이라고 했겠는가. 때문에 육진에 있어서 즐겁고 괴로운 고락의 업을 없애기만 한다면 그 자체가 바로 바른 깨달음, 정각이라는 말이다. 무엇을 보고 듣고 부딪친다 하더라도 하등의 즐거움과 괴로움을 일으킴 없이 무애자재 원융무애한다면 시간도 공간도 사라지고 영원히 평안한 피안이 될 것이다. 이를 진정한 깨달음이라 한다. 그야말로 본래자리인 본성으로 돌아간다 할 것이다. 육진을 싫어하지 않으면 즉, 내가 대하는 대상 현상 경계에 좋

고 싫음을 분별하지만 않는다면 환동정각(還同正覺)이 아닐
수 없다.

나의 육근으로 인하여 육진에 대해 좋고 싫은 고락의 인
과 업이 생기기 때문에 그 어떤 변명을 하더라도 모두가 내
것이고 내 탓이다. 지금 현재 나는 진정 평안한가? 평안하
지 않은가?

六塵不惡(육진불오)
還同正覺(환동정각)
육진을 싫어하지 않으면
도리어 정각과 같음이라

○

六(육)여섯육　塵(진)티끌진　不(불)아닐불　惡(오)미워할오
還(환)돌아올환　同(동)같을동　正(정)바를정　覺(각)깨달을각

40

어리석은 사람은 스스로를 얽어맨다

智者無爲
지 자 무 위

愚人自縛
우 인 자 박

지혜로운 이는 분별치 않아 따로 할 일이 없으나

어리석은 사람은 스스로를 얽어맨다

송頌   즐거운 만큼 괴로움이 생기고,

얻은 만큼 잃게 되는 것이

인과의 법칙이니,

내 마음에 드는 만큼

들지 않은 과보를 받게 되므로,

말과 생각, 행동에 있어서 분별심을 제거해야 한다.

무위란, 유위의 반대말로서, 좋다 나쁘다 분별
하지 않는 것을 말한다. 즉, 존재하지 않고 공하다는 뜻이다.
따라서 분별할 것이 없으니, 이렇게 해도, 저렇게 해도 아무
상관이 없다. 그래서 여여하고 평안한 자리 즉, 피안의 세계
요, 열반의 세계며, 생사를 해탈한 부처의 자리인 것이다.

유위란, 생사와 생멸, 분별과 고락의 인과에 의해 끊임없
이 윤회하는 세계다. 그러므로 즐거움과 행복을 추구할수
록 괴로움과 불행이 따르는 중생의 세계를 말한다.

예를 들어, 어떤 사람에게 집착하여 이쁘고 애타는 마
음이 드는 만큼, 인과의 과보가 남아서 언젠가는 밉고 싫은
괴로움의 대상이 나타나기 마련이다. 이를 우인자박(愚人自
縛) 즉, 어리석어서 스스로를 얽어맨다는 뜻이다.

바라는 욕심에 따라 어떤 일을 성취하고서 마음이 즐겁
고 행복하다면, 즐겁고 행복한 만큼의 인과가 생긴다. 즉,
바라는 일을 성취하지 못하면 괴롭고 불행한 과보를 반드
시 받고 만다는 뜻이다.

돈이 많은 사람은 돈이 많은 것과 상관없이, 집착하는 마음만큼 고락의 인과가 생겨서 괴로움을 호소할 것이고, 못사는 사람은 못사는 대로 집착하는 마음만큼 고락의 인과가 생겨서 고통을 호소하게 된다.

지위가 높은 사람은 높은 대로 분별하는 마음만큼 고락의 인과가 생겨서 괴로움의 과보를 받을 것이다. 지위가 없는 평민은 평민대로 마음이 얼마나 분별하느냐에 따라 고락의 인과가 생겨서 괴로움의 과보를 받게 된다.

그러니 '잘살고 못살고'의 문제가 아니고, 일을 '성취하고 못하고'의 문제도 아니며, 원하는 것을 '이루고 못 이루고'의 문제가 아니다. 기쁨의 양만큼 슬픔이 생기고, 즐거움의 질량만큼 괴로움이 생기며, 행복의 크기만큼 불행의 양도 크다는 것이다.

그러므로 호사다마(好事多魔) 즉, 좋은 일에는 반드시 마(魔)가 끼고, 도고마성(道高魔盛) 즉, 도가 높을수록 마가 성하는 것이다. 세상만사가 새옹지마(塞翁之馬)다. 좋은 게 좋은 것이 아니고, 나쁜 게 나쁜 것이 아니라는 말이다. 따라서 낙(樂)이 생기는 만큼 고(苦)가 생기는 것이 마음의 모양이고, 또 사바세계의 모습이라. 이를 알고 살아가야 마음의 충격을 덜 받을 수 있다.

그렇다면 어떻게 해야 할까? 늘 설명했듯이 좋고 나쁜 분별의 마음을 갖지 말아야 하고, 옳고 그른 시시비비에 집착하지 말아야 하며, 이런들 저런들 모든 것을 있는 그대로 인연에 맡겨서 절대로 분별심을 갖지 않아야 한다.

그리하여 어떤 것을 만나도, 어떤 것을 보고 듣더라도, 어떤 것을 하고, 하지 않고에 집착하지 말고, 그저 주어진 대로 말하고 생각하고 행동하되, 꼭 이렇게 해야 한다는 집착심에서 벗어나야 한다.

그리고는 모든 것은 이렇게 되든 저렇게 되든 인과 인연에 맡기고, 무조건 받아들이는 습관을 길러야 한다. 왜 이럴까? 이렇게 되면 안되는데? 저렇게 꼭 해야 하는데? 라고 하는 집착심을 놓고 또 놓고, 애쓰고 애타는 마음을 절대로 가져도 안된다.

왜냐하면 인과에 따른 과보를 받지 않게 하기 위함이다. 조금 얻으면 조금 잃게 되고, 많이 얻으면 많이 잃게 되는 도리를 반드시 명심하고 명심해야 한다.

智者無爲(지자무위)
愚人自縛(우인자박)

지혜로운 이는 분별치 않아 따로 할 일이 없으나
어리석은 사람은 스스로를 얽어맨다

○

智(지)지혜로울지　者(자)놈자　無(무)없을무　爲(위)할위
愚(우)어리석을우　人(인)사람인　自(자)스스로자　縛(박)묶을박

41

스스로 좋아하고 스스로 집착한다

法無異法
법 무 이 법

妄自愛着
망 자 애 착

법에는 다른 법이 없는데

허망하게 스스로 좋아하고 집착한다

송頌   마음 바깥에 있는 것은 모두 법(法)이니,

법에는 좋고 싫고, 미추가 따로 없다네.

이를 보고 보고 듣고 감정이 일어나는 것은

순전히 나의 고락이라는

인과 업 때문이다.

강설   법(法)이란 한자로 물 수(水) 변에 갈 거(去)를 합친 글자로, 물 흘러가듯 자연스럽고 거스름이 없다는 뜻이다. 여기에는 더할 것도 없고 덜할 것도 없고, 좋고 나쁘거나, 옳고 그름이 없는 법 그대로일 뿐이니, 이는 무위와 중도, 진공을 말한다.

따라서 나의 마음 감정이 괜히 좋고 싫고, 즐겁고 괴로우며, 기쁨과 슬픔, 행복과 불행을 스스로 집착하게 된다. 이는 인과에 걸려서 매일, 매시간, 삼세를 거치며 분별 과보의 연속일 뿐이다.

문제는, 싫고 괴롭고 고통스럽고 속상하고 분하고, 기분 나쁜 감정이 문제가 된다. 이는 원하고 바라는 대로 되지 않는 욕심 때문이라는 것은 너무나 잘 알 것이다. 하지만 부글부글 끓어오르는 주체할 수 없는 감정을 잠재운다는 것은 참으로 어려운 일이 아닐 수 없다.

상대와 대화할 때도 내 말을 잘 듣지 않고 무시하거나 이해하지 않는다면, 곧바로 기분이 나빠지고 언성이 높아지며, 결국은 싸움까지 이르게 되는 일들이 비일비재하다. 이

릴 때는, 자신의 감정을 체크하는 여유를 가져야 한다. 감정이 일어나는 순간을 잘 포착하여 생겨나는 감정을 관하면서 그 즉시 인과를 생각하고 공을 생각하며, 부질없다는 생각과 함께, 분하고 억울한 마음을 놓고 또 놓아야 한다.

그러면서 차분하게 논리적으로 조용히 말을 하며, 설사 상대가 내 말을 이해하려 하지 않고 무시하더라도, 상대의 행동에 개의치 않고 감정을 누르는 습관을 길러야 한다. 왜냐하면 상대방은 그의 업에 의해 말을 하고 감정을 드러내므로, 굳이 상대의 업에 대해 내가 간섭할 이유도 필요도 없기 때문이다. 나의 업 즉, 나의 감정만 잘 다스려 나가면 그뿐이므로, 상대가 어떤 말을 하더라도 일희일비 반응할 필요가 없다.

그리고 항상 사람을 대하거나 사물을 대할 때, 구름이 흘러가듯, 물이 흘러가듯, 바람 따라 이리저리 움직이는 나뭇잎처럼, 나의 고락 인과의 감정도 이와 같이 하여 마음을 일으키지 말아야 한다. 한 번 웃으면 한 번 울게 되는 업이 쌓이게 되므로, 상대 혹은 대상의 움직임에 대해 고락 감정의 마음이 끄달리면 안된다.

사람에 대해, 사물에 대해, 스스로 좋아하고 집착하는 것은 허망하기 이를 데 없는 물거품과 같은 것이다. 작은 일이나 큰일이나, 중요한 일이나 중요치 않은 일이나 모든 일이 인과에 놀아나는 허망한 것일 뿐이다. 굳이 감정을 드러낼 필요가 없는 일이다.

아무리 중요한 일이라 할지라도 모든 것은 감정의 놀음이다. 좋은 것에 집착하여 마음이 상한다는 것은 인과라는 법 때문이다. 따라서 마음이 꽂혀서 집착하고자 하는 스스로의 감정을 잘 살펴서 꼬록꼬록 일어나지 않도록 항상 관하여야 할 것이다.

마음 바깥에 있는 것들은 법 그 자체로서 아무런 문제가 없다. 사실 문제는 마음 밖에 있는 사람과 대상들을 보고 반응하는 것이다. 이는 모두 나의 감정에서 비롯된다는 것을 명심하고 명심하여, 그냥 그대로 보고 듣되, 절대로 감정을 일으켜서는 안된다.

이와 같이 모든 문제는 마음 밖에 있는 것이 아니라 내 마음 안에 있다는 것을 늘 생각하고 살펴서 내 마음 안의 고락 감정의 업을 중도심(中道心)으로 바꾸는 노력을 해야 한다.

　그러기 위해서는 기도와 참선, 보시와 정진이 뒷받침되어야 하니, 이 또한 쉬지 않고 꾸준하게 행해야 한다.

法無異法(법무이법)
妄自愛着(망자애착)
법에는 다른 법이 없는데
허망하게 스스로 좋아하고 집착한다

○

法(법)법법　無(무)없을무　異(이)다를이　法(법)법법
妄(망)허망할망　自(자)스스로자　愛(애)사랑애　着(착)붙을착

42

마음을 가지고서 마음을 찾다

將心用心
장 심 용 심

豈非大錯
기 비 대 착

마음을 가지고서 마음을 찾으니

어찌 커다란 잘못이 아니랴

송頌   분별심 없는 진짜 마음을 장심(將心)이라 하고
분별심으로 용심(用心)을 내는 것은 가짜 마음이다.
장심은 고통과 괴로움, 걱정 근심이 없으나,
용심은 분별심으로 과보를 받으니
괴롭기 짝이 없다.

224

강설　　　　　마음에는 분별하지 않는 마음이 있고, 분별하는 마음이 있다. 분별하지 않는 마음을 장심(將心)이라 하고 분별하는 마음을 용심(用心)이라 한다.

분별하지 않으면 마음이라고도 할 수 없으나, 억지로 이름하여 자성(自性), 불성(佛性), 진성(眞性) 등으로 불리며, 이를 부처의 마음이라 한다. 이같은 마음은 인과가 없어서 좋고 나쁜 고락이 생겨나지 않으니, 생사가 없고 생멸이 없다.

이와같이 기막히고 오롯한 마음이 있으므로, 고통과 괴로움은 물론, 걱정 근심, 고민과 번뇌가 없으므로 일일시호일(日日時好日)이요, 처처불상(處處佛像) 사사불공(事事佛供)의 진짜 마음이 있다. 그럼에도 불구하고, 굳이 용심을 내어 분별을 일삼으니 스스로 짓고 스스로 받는 자업자득을 거듭하고 있다.

게임을 하면 이기고 지고 하면서 스릴감과 승부욕으로 재미가 있을 것이다. 그러다가 정히 힘들면 게임을 그만두고 아무 일 없는 것처럼 일상으로 돌아가는 것처럼, 마음이 힘들면 분별심을 놓으면 된다.

용심인 분별심으로 희로애락을 즐기다가 피곤하고 힘이 들면 오락 게임과 같이 금방 접고서, 장심인 분별심이 없는 본래의 마음으로 돌아갈 수만 있으면, 얼마든지 용심을 내어 분별심을 재미로 즐길 수가 있을 것이다. 하지만 스스로 짓고 스스로 받는 것 또한 나의 몫이라는 사실을 알아야 한다.

그러나 그렇지 못하다면 애초에 분별심을 내지 말고 본성인 본래 움직이지 않는 장심(將心)을 떠나지 말아야 한다. 일상을 살아가면서도 마음이 힘이 들면 일단 모두 내려놓고 더 이상 집착하지 않으며 애쓰지 말고, 본래의 마음으로 돌아가야 한다. 모든 것을 포기하고 내려놓는다는 전제하에서 말이다.

분별심인 용심을 접기만 하면, 잘못된 것도 없고, 틀릴 것도 없으며, 옳고 그른 것도 없고, 좋고 나쁜 것도 없으며, 얻고 잃는 것도 없고, 보는 그대로, 듣는 그대로, 사람이나 사물, 모든 것이 아무런 문제가 없다.

그러므로 어떤 현상이 움직이고 변하더라도, 그 현상이

문제가 있는 것이 아니다. 그 현상을 놓고 고락의 영향을 받아서 스스로 좋고 나쁘고, 즐겁고 괴로운 분별심을 내는 것이 문제라는 말이다.

분별심으로 욕심내어 얻으려 하고 잃지 않으려 하며, 자존심을 세우고, 싸우고 지지고 볶는다. 그러다가도 마음 한 번 돌려서 이제 제자리로 돌아가야겠다는 마음을 먹고서, 모든 것을 포기하고, 집착하지 않으며, 분별심을 접기만 한다면 언제라도 본래의 분별심 없는 진짜 마음으로 돌아갈 수 있을 것이니, 이 얼마나 축복이요, 행운이 아니겠는가.

그러니 장심(將心)인 분별심 없는 진짜 마음을 가지고 있으면서, 용심(用心)인 분별된 마음을 굳이 찾으려고 하는 것은 참으로 잘못된 마음이라 하지 않을 수 없다.

그러나 막상 이같은 분별심 없는 장심의 본래 마음을 갖기란 참으로 어려운 일이 아닐 수 없다. 따라서 아무것도 하지 않으면서 날것으로 그저 먹으려 하지 말고, 기도와 참선, 보시와 정진으로 최소한의 노력은 해야 하지 않겠는가.

將心用心(장심용심)

豈非大錯(기비대착)

마음을 가지고서 마음을 찾으니

어찌 커다란 잘못이 아니랴

○

將(장)장차장　心(심)마음심　用(용)쓸용　心(심)마음심

豈(기)어찌기　非(비)아닐비　大(대)큰대　錯(착)어지러워질착

43

깨달으면 좋고 나쁨이 없다

迷生寂亂
미 생 적 란
悟無好惡
오 무 호 오

미혹하면 고요함과 시끄러움이 생기지만

마음을 깨치면 좋고 나쁨이 없다

송頌   좋은 것은 나쁜 것의 전조(前兆)요,
       고요함은 시끄러운 전조이다.
       좋은 것과 고요함에 집착하지 않으면
       나쁜 것과 시끄러움도 사라진다.

편하다는 생각과 불편하다는 생각이 아직 남아 있다면, 마음을 깨치지 못했다는 반증이다. 골치 아프다거나, 속상하다거나, 괴롭고 고통스럽다거나, 마음에 들지 않는다거나, 짜증이 나고 화가 나는 일이 생긴다는 것은 고요함과 시끄러움, 좋고 나쁨의 분별심이 마음에 가득 차 있다는 증거이다.

옳고 그르다는 생각이나, 좋고 나쁘다는 두 마음의 분별심이 사라지면, 이는 곧 마음을 깨친 것이 되므로, 이때는 무엇을 보거나 듣거나 생각하거나, 어느 때, 어느 곳에 있더라도 중도의 마음으로써 한없이 편안한 마음이 된다. 그러므로 이런 일을 대해도 저런 일을 대해도, 이런 생각을 해도 저런 생각을 해도, 그 어떤 현상과 생각을 하더라도 좋고 나쁜 고락의 분별심이 없어야 한다.

좋은 것이라고 생각하는 일이 생기면 마음이 아직 인과의 업에 걸려 있구나 하고 깨닫고, 나쁜 것이라고 생각되는 일이 생기면 아직도 마음이 인과의 업에 걸려 있구나 하고 깨달아야 한다.

좋은 것은 나쁜 업을 낳고, 고요한 것은 시끄러운 업을 낳는다. 좋고 나쁜, 고요하고 시끄러운 분별의 업을 멸해야 비로소 마음의 평안을 가져온다.

마음을 평안하게 하는 또 하나의 방법은, 좋은 것은 좋다고 느끼되 집착하지 않고, 나쁜 것은 나쁘다고 느끼되 집착하지 않아야 한다. 좋은 것은 좋다고 생각하되, 동시에 인과를 생각하며, 나쁜 것은 나쁘다고 생각하되, 동시에 인과를 생각하며 곧 지나가리라고 관하면 된다.

또 아무리 어렵고 복잡한 일이 생기더라도, 결국 남는 것은 하나도 없다는 공관(空觀)을 가져야 한다. 동시에 '모든 것은 인과의 그림자요, 거품이요, 꿈이요, 이슬과 같은 것이다'라는 생각을 항상 잊지 않고 집착하지 않아야 한다.

이곳에 있든 저곳에 있든, 이런 일이든 저런 일이든, 그 어떤 일이든 그 어떤 곳에서든, 고락이라고 하는 인과의 업은 끊임없이 작동하는 것이므로, 좋은 것에 대한 욕심이나 집착을 가지는 만큼, 나쁜 것의 과보가 나타나서 괴로움을 가져온다는 것을 항상 명심해야 한다.

그러므로 일어나는 현상에 대해 고락의 감정을 일으키지 말고 스스로 집착하지 않아야 한다. 객관적으로 냉정하게 대하면서 그 어떤 생각과 행동을 하더라도 집착하는 생각과 감정을 곧바로 지워야 한다. 이러쿵저러쿵 미리 걱정하지도 말아야 한다.

그저 할 뿐이다. 고통과 괴로움은 내가 원하고 바라는 욕심의 대가인 인과의 모습일 뿐이다. 그저 말할 뿐, 그저 생각할 뿐, 그저 집착과 미련을 갖지 않을 뿐이다. 그 외 모든 것은 자업자득일 뿐이다.

기도로써 집착을 멸하고, 참선으로 인욕하고, 보시로써 마음 비우고, 정진으로 그저 행하여 고락 인과의 업을 멸해 나갈 뿐이다.

迷生寂亂(미생적란)

悟無好惡(오무호오)

미혹하면 고요함과 시끄러움이 생기지만

마음을 깨치면 좋고 나쁨이 없다

○

迷(미)미혹할미 生(생)날생 寂(적)고요할적 亂(난)어지러울난

悟(오)깨달을오 無(무)없을무 好(호)좋을호 惡(오)미워할오

44

분별심을 없애면 그대로 극락이다

一切二邊
일 체 이 변
良由斟酌
양 유 짐 작

모든 두 가지 경계는

헤아려 짐작하기 때문에 생긴다

頌頌   이 세상 모든 것은 분별의 모습

분별은 나의 마음으로 만드는 것.

고락 인과의 분별심은 과보를 받게 되고

분별심을 없애면 그대로 극락이다.

강설　　　　이번에도 분별을 이야기하고 있다. 분별하지 않으면 두 가지 경계는 일어나지 않는다. 분별은 본래 있는 것이 아니라 내 마음이 만들어 내고 있는 것이다.

나의 몸인 안이비설신의 육근 즉, 보거나, 듣거나, 냄새 맡거나, 맛보거나, 촉감을 느끼거나, 이들을 생각하는 것 자체는 아무 문제가 없다.

눈으로 보고 '이렇게 생겼구나', 귀로 듣는 것은 '이런 소리구나', 이런 냄새, 이런 맛, 몸으로 부딪치는 것은 '이런 느낌이구나' 하고, 생각하는 것은 너무나 당연한 것이다.

문제는, 돈을 보고 좋아하거나, 아름다운 것을 보고 좋아하거나, 이쁜 소리를 듣고 좋아하거나, 좋은 냄새와 맛 좋은 음식, 부드러운 느낌, 즐거운 생각으로 좋아하거나 하는 육식으로 감지하는 것이 문제라는 말이다.

왜냐하면, 좋은 것은 나쁜 경계를 만들고, 이쁜 소리는 추한 소리를 만들며, 좋은 냄새는 독한 냄새를, 맛 좋은 음식은 맛없는 음식을, 부드러운 느낌은 거친 느낌을, 즐거운 생각은 괴로운 생각을 만들어 내기 때문이니, 이를 이변(二邊) 즉, 두 가지 경계라 한다. 이 이변은 한 가지만 선택할 수 없는 것이다. 바로 인과로 이어져서 고락의 분별을 만들어 이를 인과에 의한 과보라고 했다.

바로 이 두 가지 분별에 의해 인과 과보를 반복하는 삶을 중생의 삶이라 한다. 이는 사람마다 각기 다른 삶을 사는 듯이 보이지만, 고락의 인과에 있어서는 차이가 없다. 즉, 이렇게 살든 저렇게 살든 그 어떤 모습으로 살아가든, 즐거움과 괴로움을 느끼는 질과 양은 똑같다는 말이다.

다만, 즐거움을 조금 느끼는 사람은 괴로움도 조금 느끼게 되고, 즐거움을 많이 느끼는 사람은 괴로움도 많이 느끼고 살아가게 된다. 즉, 욕심이 작은 사람에게는 고통 역시 작고, 욕심이 많은 사람에게는 고통 역시 많게 되는 법이다.

지옥의 중생은 욕심이 많아서 즐거움을 많이 느낀 과보의 중생들이고, 천상의 중생은 욕심이 아주 작아서 즐거움도 아주 작게 느끼는 과보의 중생들이다. 따라서 중생의 삶은 욕심에 비례하여 고통과 괴로움의 인과를 받는다. 부처의 삶은 욕심이 제로이기 때문에 고통과 괴로움의 인과도 없다.

만약 어떤 이유에서 걱정과 근심, 괴로움을 느끼거나 느꼈다면, 이는 내가 욕심을 부린 인과의 대가라는 것을 알아야 한다. 또한 즐거움과 기쁨, 행복을 즐겼다면 이 또한 인과의 과보를 만들고 괴로움과 슬픔, 불행의 과보를 저축한 것이 된다.

그러므로 말을 하든, 생각을 하든, 그 어떤 행동을 하더라도, 좋고 나쁜, 즐겁고 괴로운 두 가지 경계가 생기는 것은, 바로 양유짐작(良由斟酌) 즉, 헤아려 짐작하는 분별심이 있기 때문이다. 그러니 무엇을 보되 좋고 싫음의 분별로 보지 말고 있는 그대로 보아야 한다. 무엇을 듣되 좋고 싫은 분별심으로 듣지 말고 있는 그대로 들어야 하고, 냄새와 맛, 촉감과 생각 역시 분별하지 않고 있는 그대로 받아들여야 한다.

인과의 업이 생겨 한 번 좋으면 어떤 형태로든 한 번 싫은 것이 나타나게 되고, 한 번 즐거우면 어떤 형태로든 한 번 괴로워지게 된다. 다만, 이같이 인과에 의한 과보는 시절인연에 따라 한 치 오차 없이 지금 당장 나타날 수도 있고, 나중에 또는 죽은 다음에 나타날 수도 있다는 차이뿐이다.

부처님께서는 무엇을 바라거나 하려고 생각하지 말고, 무엇을 하든, 어떤 모습을 하고 어떤 장소에 있든, 분별하는 마음이 있으면 괴로움이 생기고, 분별함 없이 있는 그대로 받아들이면 괴로움의 인연을 만나지 않게 된다고 하셨다. 그러므로 욕심은 분별을 낳고, 분별심은 괴로움을 낳는다. 엎치락뒤치락하며 생로병사를 거듭하여 윤회하기 때문에, 끝없는 고락의 연속이 반복되는 것이다.

윤회의 고리를 끊어내려면 좋고 나쁜 분별심을 갖지 말아야 한다. 말을 할 때나, 생각을 하거나, 어떤 인연을 만나더라도, 감정의 마음을 내어서는 절대로 안된다. 기도와 참선, 보시와 정진은 분별심을 없애는 최고의 방법이다.

一切二邊(일체이변)
良由斟酌(양유짐작)
모든 두 가지 경계는
헤아려 짐작하기 때문에 생긴다

○
一(일)한일 切(체)온통체 二(이)두이 邊(변)가장자리변
良(양)어질양 由(유)말미암을유 斟(짐)짐작할짐 酌(작)따를작

45

허깨비 같고 헛꽃 같은데, 왜 잡으려 하는가

夢幻空華
몽 환 공 화

何勞把捉
하 로 파 착

꿈같고 허깨비 같고 헛꽃 같은데
어찌 애써서 잡으려 하는가

송頌   이래도 인과요 저래도 과보요,
       결국 남는 건 하나도 없는데,
       지금 이 순간 일어나는 고락의 감정,
       이 놈을 어찌 처리해야 하는가?

강설   공화(空華)란 '보이는 모든 형상이 헛되게 나타
난 것'임을 비유한 말이다. 설사 분별에 의한 인과의 현상으
로 생로병사가 윤회할지언정, 이 또한 모두 사라지고 마는
허깨비와 같다는 뜻이다.

인생이란 그런 것이 아니던가. 결국 남는 것은 아무것도
없다. 그럼에도 불구하고 탐진치 삼독심이 생기는 것은 업
의 작용 때문이다. 우선 먹어야 하고, 잠을 자야 하고, 편해
야 하고, 나를 알아주기를 바라고, 짜릿한 기쁨을 느껴야
하고, 즐거워야 하며, 기분이 좋아야 한다.

이러한 즐거운 기분을 느끼려면 가져야 하고, 가지기 위
해서 욕심을 부려야 한다. 결국 나의 것을 뺏기지 않고 방
어를 해야 하므로 명예를 세워야 하고, 시시비비해야 하며,
필요하면 싸움도 마다하지 않게 된다.

그러나 이 모든 것은 인과의 작용을 피할 수 없다. 인과
는 분별하는 마음에서 나오는 것으로서, 고락의 과보로 이
어지게 된다. 따라서 얻으면 얻는 대로 잃게 되고, 행복하면
행복한 대로 불행한 과보를 받게 된다. 그리고 이 또한 공

화(空華)가 되고 말 것이다.

그러므로 지금 이 순간 가장 중요한 것은 바로 부처님 법을 굳게 믿어야 하는 신심이다. 신심 가운데 기본이 되는 것은 바로 인과에 대한 믿음이다. 신심은 걱정 근심을 없애 주는 원력이다.

생각대로 잘되면 잘되어서 좋고, 못 되면 못 되는대로 다음에 또 다른 것으로 반드시 되게 되어 있다. 그래서 절대 미리 걱정할 필요가 없다. 인과의 법칙이 그렇기 때문이다.

어떤 사람을 만나 중요한 일을 성사시키기로 했다. 그런데 그 사람을 만나지 못해 일이 성사되지 않았다. 그래서 몹시 실망하고 속상했다. 이럴 때는 중요한 일이라고 하는 생각, 사람을 꼭 만나야 한다는 생각, 일을 반드시 성사시켜야 한다는 생각, 이 모든 생각 자체를 놓아야 한다.

왜냐하면 만약 일이 성사되었다 하더라도 성사되었다는 기쁜 마음으로 말미암아, 그 인과가 작용하여 다음에 성사되지 않아서 속상한 일이 반드시 과보로서 생기게 된다는 것이다. 이를 고락의 인과라 한다.

그러니 무엇이 되고 되지 않고가 중요한 것이 아니라, 어떤 현상에 있어서도 고락의 감정이 생멸하는 것이 문제다. 어떠한 경우라도 즐겁고 기쁘고 행복한 감정을 자제해야 괴롭고 슬프고 불행한 과보를 받지 않게 된다는 사실이다.

마찬가지로 괴롭고 슬프고 불행한 일을 겪는다 해도 인과의 과보로 생각해야 한다. 화를 내거나 거친 생각과 어리석은 행동을 인욕하고 자제해야, 업습(業習)으로 반복되는 고통과 괴로움을 막을 수가 있다.

따라서 어떠한 경우라도 고락과 시비를 분별하는 생각을 하지 않고 집착하지 않으며, 모든 것은 몽환공화(夢幻空華)에 불과하다는 것을 항상 생각하면서 매 순간 이를 살펴서 잊지 말고 관해야 한다.

이것이야말로 진정한 기도요, 참선이며, 이같은 행동을 상대방에게 보여주는 것이 참 보시이며, 이를 놓치지 않는 것을 정진이라 할 것이다.

夢幻空華(몽환공화)

何勞把捉(하로파착)

꿈같고 허깨비 같고 헛꽃 같은데
어찌 애써서 잡으려 하는가

○

夢(몽)꿈몽　幻(환)허깨비환　空(공)빌공　華(화)꽃화

何(하)어찌하　勞(로)힘쓸로　把(파)잡을파　捉(착)잡을착

46

얻고 잃음과 옳고 그름을 한순간에 놓아라

得失是非
득 실 시 비

一時放却
일 시 방 각

얻고 잃음과 옳고 그름을

한순간에 놓아버려라

송頌   얻음은 잃음을 낳고,

옳음은 그름을 낳으니,

득실과 시비를 그대로 놓아버리면

걸릴 것이 없어서 자재하게 되므로,

그 무엇도 문제 될 소지가 없게 된다.

강설   중생은 끊임없이 고락의 인과를 계속하며 윤회하는 부류다. 부처는 고락의 인과가 애초에 없으니, 놓을 것조차 없는 경지이다.

중생은 왜 고락의 인과를 끊지 못하는 것일까? 업이 악순환하기 때문이다. 괴롭지 않으려고 즐거움을 찾지만, 즐거움은 괴로움이라는 과보를 낳는다. 얻는 것은 곧 잃게 되고, 잃고 없으니 또 얻으려 하나, 얻음은 다시 잃게 되는 과보로 이어진다.

상대의 옳음과 나의 옳음이 맞서니 나는 상대의 그름이 되고, 상대는 나의 그름이 된다. 이는 나와 상대 모두 본인들의 욕심에서 비롯된 것이다. 옳음은 그름을 낳게 되는 원인이 되고, 그름은 옳음의 결과로 이어진다. 시비는 서로를 의지하여 끊임없이 연속된다.

그러므로 득실과 시비는 고락의 인과로 이어진다. 좋고 나쁨의 분별에 의해, 제자리에서 한 치도 벗어나지 못하고 그냥 그렇게 의미 없이 돌고 돌다가 사라지고 만다. 이렇게 해도 고락의 인과를 벗어나지 못하고, 저렇게 해도 고락의 인과를 벗어나지 못하게 되니, 이런들 저런들 제자리에서 맴돌 뿐, 달라질 것은 아무것도 없다.

그러니 부처님과 역대로 깨친 조사스님들은, 이것도 놓고 저것도 놓고 모두 방하착하라 한다. 그리하면 걸림이 없어지므로 육근(六根)이 청정하여 보이는 것에 걸리지 않고, 들리는 것에 걸리지 않고, 생각하는 것에 걸리지 않게 된다.

걸림이 없으면 마음은 자유자재가 되니, 이렇게 해도 괜찮고, 저렇게 해도 괜찮다. 무엇이 좋고 나쁨이 있으며, 어떤 것이 옳고 그름이 있겠는가. 좋은 것이라고 하는 마음을 놓으니, 나쁜 과보가 사라진다. 옳은 것이라는 분별의 마음을 놓으니, 그른 것이 사라진다. 평안한 마음이라는 분별을 놓으니, 불안이라는 과보가 사라지게 된다.

분별하는 마음으로 인과의 세계에서 끊임없이 윤회하며 살 것인가. 아니면 득실과 고락, 시비의 분별심을 일시에 놓아버리고, 중도의 걸림 없는 깨침을 얻을 것인가. 순전히 스스로가 선택할 문제이다.

기도와 참선, 보시와 정진은 분별의 마음을 놓게 하는
가장 기본적인 수행이다.

得失是非(득실시비)
一時放却(일시방각)
얻고 잃음과 옳고 그름을
한순간에 놓아버려라

○

得(득)얻을득 失(실)잃을실 是(시)옳을시 非(비)아닐비
一(일)한일 時(시)때시 放(방)놓을방 却(각)물리칠각

47

잠들지 않으면 꿈은 사라진다

眼若不睡
안 약 불 수
諸夢自除
제 몽 자 제

눈이 잠들지 않으면
모든 꿈은 저절로 사라진다

송頌   눈을 감는다고 꿈을 꾸는 것이 아니라
내가 보고 분별하는 모든 것이 꿈이다.
어느 순간 어느 때에도 분별하지 않으면
보고 듣는 모든 것이 좋고 나쁨이 없다.

강설　　　여기서 말하는 눈은 내 몸의 눈이 아니라 깨어 있다는 의미이다. 또 여기서 말하는 꿈은 자면서 꾸는 꿈이 아니고, 분별하면서 사라지는 일상의 현상을 말한다.

분별하지 않고 마음이 그대로 깨어 있으면, 보고 듣는 모든 현상이 있는 그대로 명쾌하여 마음에 걸림이 없게 된다.

즉, 좋고 나쁨을 분별하지 않으며, 즐겁고 괴로움을 분별하지 않으며, 이득과 손해로 분별하지 않으며, 친하고 멀리함을 분별하지 않으며, 예쁨과 미움을 분별하지 않는다. 또 잘되고 못되고 분별하지 않으며, 이루고 못 이루고 분별하지 않으며, 아름답고 추함을 분별하지 않는다면, 그대로 깨어 있는 것이 되므로 고락 시비의 인과가 없다.

오늘도 많은 일이 있었다. 서로가 서로를 보는 시선들이 정반대로 어긋나 있음에, 시각에 따라 좀 더 나쁘게 보는 측이 있는가 하면, 좀 더 정의로운 측이 있을 법도 하다.

사람들이 간과하는 것은 이 모든 현상을 이분법적으로 구분하여 시시비비를 가리려고 하는 것이다. 그러나 집단과 집단의 내용들을 들여다보면, 역시 일종의 공업(共業)에 지나지 않는다. 따라서 한 집단이 평화로운 때가 있으면, 그

집단이 평화롭지 못한 때의 인과가 있는 것이다.

좀 더 자세히 짚어 보자면, 이는 각자의 몫에서 비롯된다는 사실이다. 공업이든 개인업이든 모두가 인과의 현상이 과보로써 작용하는 것이다. 각자 스스로가 편안하다면 아무 일도 없는 것이 되고, 현상을 보고 불편한 이가 있다면, 이는 순전히 불편하게 보는 그 사람의 업이 스스로 작용하는 것이다.

한마디로 말해서 종교단체이든, 사회 현상이든, 정치이든, 경제이든, 세계이든, 벌어지는 이 모든 현상을 보는 사람의 마음상태에 따라 스스로 편하느냐, 불편하느냐의 차이로서 이는 각자의 몫이라는 말이다.

어떤 사람을 보고 좋은 사람이라고 생각한다면, 그 사람이 객관적으로 좋은 사람이라기보다, 내 마음 안에 사람을 좋게 보는 업이 작용하면서 좋은 사람으로 보이게 된다는 것이다. 문제는 '좋다'라고 하는 인과로 인하여, '나쁘다'라고 하는 과보가 생기므로, 나쁜 사람이 저절로 나타나게 된다는 사실이다.

이러한 분별심으로 인하여 좋고 나쁨의 인과가 계속되며, 이 모든 현상 또한 생로병사하면서 모두가 사라지게 된다. 결국 남는 것은 아무것도 없으므로 이를 꿈을 꾸는 것이라고 하는 것이다.

이와 같이 일상의 모든 일들을 인과작용의 흐름으로 보고, 또 꿈을 꾸는 듯 집착하지 않고 시시비비하지 않는다. 또 어느 때, 어느 곳에서도 분별하지 않으며 스스로 깨어 있다면, 마음은 늘 평화로운 중도의 마음이 된다.

그럼에도 불구하고 감정을 스스로 컨트롤하지 못한다고 생각하면, 기도를 하라. 그리고 참선을 배우라. 또 늘 베푸는 것에 인색하지 말고, 항상 인과와 분별에 끄달리지 않도록 정진하라.

眼若不睡(안약불수)
諸夢自除(제몽자제)
눈이 잠들지 않으면
모든 꿈은 저절로 사라진다

○

眼(안)눈안 若(약)만약약 不(불)아닐불 睡(수)잠잘수
諸(제)모두제 夢(몽)꿈몽 自(자)스스로자 除(제)없어질제

48

만법이 한결같다

心若不異
심 약 불 이

萬法一如
만 법 일 여

마음이 만약 다르지 않으면

만 가지 법이 한결같다

상대의 말에 대해 분별하지 말라.

상대의 행동에 대해 분별하지 말라.

상대의 생각에 대해 분별하지 말라.

나의 신구의 삼업도 분별하지 말라.

강설   이 구절도 분별에 대한 내용이다. 부처님께서 45년간 장광설(長廣舌)을 〈화엄경〉, 〈금강경〉, 〈아함경〉, 〈법화경〉, 〈열반경〉의 오교시(五敎時)를 통해 중생에게 깨우침을 가르쳤으나, 이 모든 내용을 한마디로 압축한다면 결국 분별심을 갖지 말라는 것이다.

분별은 인과를 낳고, 인과는 윤회를 낳는다. 즐거움 하나에 괴로움 하나요, 기쁨 하나에 슬픔이 하나요, 행복 하나에 불행이 하나요, 태어남 하나에 죽음이 하나요, 젊음 하나에 늙음 하나요, 배고픔 하나에 배부름 하나요, 좋은 것 하나에 나쁜 것 하나다. 결국 하나를 얻으면 하나를 잃는다는 것이다.

다만, 한가지가 나타나면 다른 하나가 나타나는 공간(장소)과 시간이 다를 뿐이다. 즉, 젊음의 시절과 늙음의 시절이 다르고, 좋은 시절의 인연과 나쁜 시절의 인연이 서로 다를 뿐이다. 하지만 한쪽의 질량과 다른 반대쪽의 질량은 같다는 말이다. 이를 인과라 한다.

책임을 지는 자리에 있으면 결정할 일이 그만큼 많아진

다. 한쪽에서는 '이렇게 하는 것이 좋다' 하고, 다른 한쪽에서는 '저렇게 하는 것이 좋다' 하며, 양쪽 모두 자기들의 의견을 압박하는 일이 많다.

이런 지경에 이르면, 결정하는 자리에 있는 다수의 사람들은 많은 고민을 할 것이다. 한쪽을 선택하면 다른 한쪽에서 난리가 날 것은 불을 보듯 뻔하다. 이럴 때는 과연 어떻게 할 것인가. 이때 부처님의 가르침을 올바로 이해한 사람이라면 고민할 필요가 없다.

물론 내공이 받쳐 주어야 한다. 즉, 분별하는 마음이 없어야 한다. 인과에 대한 굳건한 신심으로서 용기가 있어야 한다. 어느 쪽을 선택하든 결과에 대해 미리 걱정할 필요가 없다는 것을 알기 때문이다.

왜냐하면, 분별하지 않음으로써 시시비비의 마음이 애초에 없기 때문이다. 어느 쪽을 선택하든 상관이 없다. 다음에 일어날 일에 대해 걱정하는 마음마저 분별하지 않고, 다음에 벌어지는 일 또한 분별하지 않으면 그뿐이다.

이에 대해 영향을 받는 사람들이 있다면, 이 또한 각자 스스로 분별하는 마음에 의해 고락의 인과가 생겨나는 것이다. 엄밀히 따진다면 나와는 무관한 일이 된다. 각자 스스로 해결해야 할 문제이기 때문이다.

설사 분별심을 일으켜 좀 더 욕심나는 쪽으로 선택한다면, 인과의 과보가 있다는 것을 미리 알아 두면 된다. 좋은 것만큼의 나쁜 과보가 생길 것이기 때문이다. 또는 마음에 들지 않는 것을 억지로 선택했다면, 그만큼의 좋은 과보가 언제 어디서든 반드시 생기게 될 것이다. 그래서 걱정할 필요가 없다.

고락의 인과는 총합이 똑같다고 했다. 대부분의 사람들은 이를 잘 이해하지 못해 믿지 않기 때문에 항상 걱정이 앞선다. 이에 대한 굳건한 신심은 용기를 낳게 하고, 자신감을 가지게 하며, 늘 편안한 마음을 갖게 한다. 따라서 어떤 문제에 대해 굳이 고민할 것이 아니라, 걸림 없고 거침 없는 무분별심을 가지기만 하면 된다.

따라서 이와 같이 분별하지 않는 심약불이(心若不異)의 마음이 되면, 만법일여(萬法一如) 즉, 수없는 일들이 벌어진다 해도 한결같은 마음으로 아무런 불편함이 없다.

하지만, 이러한 마음을 가지려 해도 업이 워낙 두터워서
의지만으로는 잠재울 수 없다. 그래서 기도가 필요하고, 참
선을 해야 하며, 보시와 정진이 뒤따라야 하는 것이다.

心若不異(심약불이)
萬法一如(만법일여)
마음이 만약 다르지 않으면
만 가지 법이 한결같다

○
心(심)마음심 若(약)만약약 不(불)아닐불 異(이)다를이
萬(만)일만만 法(법)법법 一(일)한일 如(여)같을여

49

'이렇게 꼭 해야지' 하는 마음을 놓아라

一如體玄
일 여 체 현

兀爾忘緣
올 이 망 연

체성의 바탕은 한결같이 현묘하니

이와 같이 우뚝하여 차별 인연을 잊는다

송頌   '이렇게 꼭 해야지' 하는 마음을 놓아라.
'저렇게 되면 안되는데' 하는 마음을 놓아라.
분별과 집착, 걱정 근심을 이 순간 놓아라.
모든 것은 허깨비 장난이기 때문이다.

강설　　　체용론(體用論)의 체(體)는 바탕을 말하는 것이다. 이리 움직이든 저리 움직이든 아무 상관 없이 본래 그 자리 그대로, 그 자체를 뜻한다.

하늘은 그대로인데 구름이 오고 간들 상관할 일이 아니다. 땅은 그대로인데 비바람치고 화산 폭발한들 아무런 상관이 없는 것과 같다.

그러므로 구름이 낀다 해도 곧 사라질 것이고 바람이 분다 해도 부는 바람이 계속 불지 않는 것과 같이 온갖 생각과 감정이 일어났다 사라진다 해도 마음 바탕은 한결같이 그대로다. 이를 '현묘(玄妙)하다'고 한다. 그래서 오만가지 일이 일어나더라도 마음을 우뚝 세우기만 한다면 분별심은 곧 사라지게 된다.

진정한 불제자라면 일어나는 모든 것을 허깨비와 같이 보아야 한다. '이렇게 꼭 해야지' 하는 마음으로, 저렇게 되는 과보를 받게 되므로 이런 생각을 그대로 놓고 비운다. '이렇게 되면 어떡하지?'라고 하는 걱정은, 또다시 '저렇게 되면 어떡하지?' 하는 걱정이 과보로 연속될 수밖에 없는 것이다. 이런 마음 역시 그대로 놓고 비워 방하착해야 한다.

신심명 강설

생각대로 잘된다면 기분은 좋을 것이다. 기분이 좋다는 것은 이미 인과의 틀에 걸리기 마련이다. 따라서 어떤 식으로든 기분이 좋은 만큼의 기분 나쁜 일이 생기게 되므로 혹여 생각대로 된다 하더라도 과보에서 벗어날 수는 없다.

'이렇게 되면 절대 안되는데…' 하고 걱정을 한다. 일이 잘되어서 걱정을 한 만큼 기분이 좋아질 것이다. 그러나 마찬가지로 인과의 과보로 인하여, 어떤 식으로든 일이 잘되지 않아 기분이 좋지 않게 될 것이다.

반대로 걱정한 대로 일이 잘되지 않는다면 기분이 매우 나빠질 것이다. 기분 나쁜 업은 업장으로 쌓이게 된다. 이는 언젠가는 또다시 기분 나쁜 일이 반복되는 인과로 윤회할 것이다.

그러므로 가장 좋은 방법은, 이렇게 되든 저렇게 되든 어차피 인과의 그물에 걸리게 된다. 이렇게 되든 저렇게 되든 인과 인연에서 벗어나 집착하지 않고 미련을 두지 않으며 그대로 마음을 놓는다. 이것이 정답이다.

따라서 허깨비와 같고 그림자와 같은 현상에 마음을 끄

달리지 말고, '이러면 안되는데…' '저러면 되는데…' 또는 '이렇게 되어야지…' '저렇게 되면 안되지…' 하는 생각의 마음을 그대로 놓고 또 놓고 방하착해야 한다.

탐하지 않고, 성내지 않고, 머리를 쓰지 않는 즉, 탐진치 삼독심을 애초에 갖지 않는 것이 가장 이상적이다. 인과의 과보가 전혀 생기지 않기 때문에 가장 좋기는 하다. 하지만 적어도 일상을 살아가면서, 탐하고 성내고 쓸데없는 생각을 하지 않을 수는 없는 노릇이다.

그러할 때, 설사 탐하였다 하더라도 거기에 집착하거나 미련을 갖지 않는 것이 중요하다. 설사 화를 내고 성을 냈다 하더라도 성내고 화낸 것에 대해 집착하거나 미련을 갖지 않는 것이 무엇보다 중요하다. 또 쓸데없이 망상을 피웠다 하더라도 그 망상에 대해 더 이상 집착하거나, 미련을 갖지 말고 마음을 그대로 내려놓는 것이 가장 이상적이라 할 것이다.

분별하지 않는 마음이 무엇보다 최우선이고, 설사 분별을 하더라도 더 이상 미련을 갖거나 집착하지 않는 마음을 가지는 것이 가장 중요하다. 인과에 대한 신심으로서 모든 것을 부처님 뜻(인과법, 공성)에 맡기고 걱정 근심하지 않으며, 늘 방하착하여 마음을 그대로 내려놓고 또 놓아야 한다. 기도와 참선, 보시와 정진은 걱정 근심을 잠재우는 가장 수승한 최고의 방법이다.

一如體玄(일여체현)
兀爾忘緣(올이망연)

체성의 바탕은 한결같이 현묘하니
이와 같이 우뚝하여 차별 인연을 잊는다

○

一(일)한일　如(여)같을여　體(체)몸체　玄(현)검을현
兀(올)우뚝할올　爾(이)너이　忘(망)잊을망　緣(연)인연연

50

너도 너의 업이요, 나도 나의 업이다

萬法齊觀
만 법 제 관

歸復自然
귀 복 자 연

만법을 평등하게 본다면
본래 그러함으로 되돌아간다

송頌   너를 걱정하는 것은 나의 업이요
나를 걱정하는 것은 너의 업이다.
너도 너의 업이요, 나도 나의 업이니
무소의 뿔처럼 혼자서 가라.

강설　　　　만법이란 모든 법을 말한다. 또 모든 것은 있는 그대로일 뿐이니, 법이란 더도 덜도 아닌 있는 그대로 그 자체를 말한다. 하늘은 그냥 푸르고, 바닷물은 그냥 출렁일 따름이다. 여름엔 뜨겁고 가을엔 낙엽이 진다. 그냥 그런 것이다.

사람의 말과 생각, 행동 역시 마찬가지다. 큰소리는 그냥 큰소리일 뿐이고 잡념은 그냥 잡념일 뿐이다. 거친 행동은 거친 행동일 따름이고, 조심스런 행동은 그냥 조심스런 행동일 따름이다.

다만, 이것은 좋고 저것은 싫으며, 이런 것은 기분 좋고 저런 것은 기분이 나쁘고, 이렇게 해야 행복하고 저렇게 하면 불행하다는, 스스로 만들어 내는 기분과 감정이 문제다.
이렇게 고락 분별의 감정을 없앤다는 것은 참으로 어렵고 불가능한 일이다. 그러나 이를 극복하지 못하면 인과의 그물에 걸려서 울고불고 복잡한 마음의 번뇌를 겪을 수밖에 없다.

이러한 고락의 분별 감정만 제거한다면 본래 바탕인 순

수하고 평등한 마음으로 돌아가서 고락의 생사가 윤회하는 고통과 분노, 일체의 괴로움과 번뇌 망상에서 벗어날 수 있다.

설악산 오세암의 전설, 오세동자 이야기가 있다. 겨울이 다가와 양식이 떨어지자 스님은 며칠 먹을 양식을 챙겨서 다섯 살 먹은 동자를 남겨두고 탁발을 하러 마을로 내려왔다. 하지만 밤사이 큰 눈이 내려 도저히 올라가지 못하고 발만 동동 구르다가 이듬해 봄이 되어서야 절에 올라와 보니 오세동자가 방긋이 웃는 것이었다.

어찌된 일인가 물었더니 흰옷을 입은 분이 매일 떡을 가져다 줘서 맛있게 먹었다고 하며 즐거워하고 있었다. 관세음보살께서 돌봐 주신 것이다. 참으로 다행스럽고 기쁜 일이 아닐 수 없었다.

그리고 여기서 한번 냉철하게 생각해 봐야 할 것이 있다. 스님과 오세동자는 서로가 지닌 각자의 업에 의해 행동을 한 것이다.

오세동자를 생각하는 스님은 스스로 만든 걱정과 근심, 그리고 안타까움의 고락이 있다. 물론 사람이라면 당연히 가져야 할 감정이다. 또 관세음보살이 돌봐 줄 것이라고 미리 예측하여 걱정을 하지 않을 수는 없다.

하지만 오세동자는 동자 스스로의 업에 의해 살고 있었다. 아무것도 모르는 동자는 관세음보살께서 돌봐 주지 않았다면 결국 굶주림으로 인해 배고픔의 고통을 받다가 죽었을 수도 있을 것이다.

그러나 걱정하는 스님은 자신의 업에 의해 걱정을 하는 것이고, 동자는 동자의 업에 의해 천진난만하게 인과를 겪은 것이다. 동자는 동자의 업에 충실하여 스님이 걱정하는 것도 몰랐다. 또 동자가 분별하는 것은 단지 본능의 업에 따른 배고픔뿐이었다. 그래서 이적이 일어나 관세음보살이 나타난 것인지도 모른다.

물론 눈이 오지 않아서 스님의 돌봄에 의해 행복하게 지냈을 수도 있을 것이다. 이 또한 각자의 업에 의해 진행되는 것일 뿐이다. 고락의 인과는 계속 진행됐을 것이고, 과보를 받는 시간만 조금 달랐을 뿐이다. 서로가 서로에게 영향을 받는 것같아 보이지만 엄밀하게 보면 상대에게 영향을 받는 것 또한 자신의 몫이다.

결론적으로 말한다면, 부모든 형제든 이웃이든, 누구에 의해 영향을 받는다고 생각한다면, 이 또한 오롯이 나의 고락업이 인과적으로 작용하는 것일 뿐, 다른 대상에 의해 나의 업이 달라지는 것이 아니라는 것이다.

그래서 부처님께서는 무소의 뿔처럼 혼자서 가라 했던 것이다. 고락에 대한 업의 인과는 어디까지나 각자가 가지고 있는 스스로의 것이다. 이러니저러니 해도 자업자득이다.

분별하지 않으면 만법이 평등하여 본래의 바탕 자리로 돌아가게 되므로 모두가 비로자나불이 된다. 기도와 참선, 보시와 정진은 분별을 잠재우는 최고의 기술이다.

萬法齊觀(만법제관)

歸復自然(귀복자연)

만법을 평등하게 본다면

본래 그러함으로 되돌아간다

○

萬(만)일만만 法(법)법법 齊(제)가지런할제 觀(관)볼관

歸(귀)돌아갈귀 復(복)돌아올복 自(자)스스로자 然(연)그럴연

51

더 잘되기를 바라는 마음은
더 못되기를 바라는 것과 같다

泯其所以
민 기 소 이
不可方比
불 가 방 비

그 원인 되는 바를 없애면

견주어 비교할 수 없다

송송頌   하고 싶은 것은

하고 싶지 않은 과보를 받고

바라는 것은 바라지 않는

과보를 받아 괴롭다.

바라고 하고 싶다는

원인된 마음을 제거하면

바라지 않고 하고 싶지 않은

과보 역시 없다.

강설   내가 '무엇을 하고 싶다' 또는 '이루고 싶다'라는 생각을 한다면 하고 싶은 것을 이루는 데에는 반드시 장애가 있다는 뜻이 된다. 하고 싶고 이루고 싶은 것에 따르는 장애가 없다면 '하고 싶고 이루고 싶다'라는 생각조차 할 필요가 없다.

만약, 하고 싶은 생각이나 이루고 싶은 생각이 본래 없다면, 애초에 장애는 발생하지 않을 것이다. 그러므로 '하고 싶다'는 생각이 원인이 되어 하고 싶은 것에 장애가 발생하게 되는데, 이를 인과의 법칙이라 한다.

따라서 '이렇게 해야지', '저렇게 해야지'라고 생각을 한다면 '이렇게 하면 안되지', '저렇게 하면 안되지'라는 생각도 동시에 생겨나는 것이므로, 이렇든 저렇든 모두 인과라는 장애에 걸리게 된다.

사람들은 고락의 분별을 끊임없이 반복하고 악순환을 거듭하며 살아가고 있다. 마음을 편하게 하기 위해 열심히 살아가지만 편하다는 것은 바로 불편하지 않으려는 마음이 원인이 된다. 따라서 편함과 불편함은 바로 동전의 양면과 같이 떨어지려야 떨어질 수 없다.

따라서 부처님께서는 편한 생각이든 불편한 생각이든, 좋은 생각이든 나쁜 생각이든, 이렇게 하든 저렇게 하든, 어떤 것을 선택하더라도 고락의 인과에 걸려 과보를 받으므로 결국 고통과 괴로움을 벗어날 수 없다고 하셨다.

그래서 생각을 비우고, 감정을 비우고, 마음을 비운다면 원인이 없어지므로 비교할 대상이 없으니, 상반된 두 가지 고락의 분별이 생겨나지 않는다고 하셨다.

원하는 것이 없으면 원하지 않는 것도 없다. 성공을 바라는 마음이 없으면 실패할 염려도 없다. '이렇게 해야지' 하는 바람이 없으면 '저렇게 되면 안되는데'라고 하는 걱정도 없다.

부탁하는 이들도 많다. 그 부탁을 들어주어야 할까 말아야 할까 선택의 기로에 설 때도 있다. 하지만 가능하면 들어주고 가능하지 않으면 억지로 들어주려고 할 것도 없다. 들어주어도 별다른 마음이 없고, 들어주지 않아서 '원망하면 어쩌나' 하는 마음도 없다.

눈치도 보지 않는다. 왜냐하면 바라는 것이 없기 때문이다. 사람들이 자신이 원하는 것을 들어주지 않으면 뭐라고 좋지 않은 말을 하거나, 좋지 않게 대하기도 하지만 크게 개의치 않는다.

이렇게 하더라도 고락의 원인을 짓지 않는 것이다. 견주어 비교하는 마음이 없어서, 그 결과에 대해서도 아무런 의미를 두지 않는다. 이렇게 해도 마음을 놓고, 저렇게 해도 마음을 놓아버린다. 다만 인연을 따를 뿐이다. 아니, 인연을 따른다는 생각마저 놓아버린다.

이것이 바로 부처님 법이고 불교다. 그 이외에 다른 생각을 하거나, 다른 방법을 찾는 것은 외도에 불과하다. 더 잘되기를 바라는 것은 더 못되기를 바라는 것과 같다. 이는 진리도 아니고 옳은 것은 더더욱 아닌 분별일 뿐이다.

그러니 오늘의 〈신심명〉의 구절 즉, 민기소이(泯其所以) 불가방비(不可方比)야말로 불교의 핵심이라 할 수 있다.

그러나 이를 이해한다고 하더라도 쇠귀에 경 읽기에 지나지 않으니 이는 찌들고 찌든 탐진치 삼독심의 업식 때문이다. 따라서 이를 조금이나마 멸할 수 있는 방법은 역시 기도와 참선, 보시와 정진뿐임을 명심해야 한다.

민기소이(泯其所以)

불가방비(不可方比)

그 원인 되는 바를 없애면

견주어 비교할 수 없다

○

泯(민)망할민 其(기)그기 所(소)바소 以(이)써이

不(불)아닐불 可(가)옳을가 方(방)모방 比(비)견줄비

52

움직임과 그침은 한 몸이다

止動無動
지 동 무 동

動止無止
동 지 무 지

그침에서 움직이니 움직임이 따로 없고

움직임에서 그치니 그침이 따로 없다

頌頌 하늘은 파랗다.

구름이 생겨났다.

구름은 곧 사라졌다.

다시 하늘은 파랗다.

하늘은 파랗다. 아무것도 없다. 아무것도 없는 데서 구름이 일어나 움직인다. 그침에서 움직인 구름이 사라졌다. 움직임에서 그쳤다. 그침과 움직임은 한 몸이다. 하늘은 파랗게 그대로다.

바다가 잔잔하다. 바람이 그쳤기 때문이다. 다시 파도가 일렁인다. 바람이 일어나 파도가 움직인다. 그리고 바람이 그치고 파도가 잔잔하다. 바다는 그대로다.

마음은 본래 텅 비어 있다. 감정이 일어나 마음이 움직인다. 감정은 곧 사라진다. 마음은 다시 텅 비어 그쳤다. 감정이 일어났다가 곧 사라지니, 사라지고 일어나는 것이 한 몸이다. 마음은 그대로다.

즐거운 마음이 움직였다. 즐거운 마음은 곧 사라지고 그쳤다. 다시 즐거운 마음이 움직인 인과로 인해 괴로운 마음이 움직였다. 괴로운 마음은 곧 사라지고 그쳤다. 즐거운 마음과 괴로운 마음이 모두 그쳤다. 그쳤으니 다시 움직인다. 움직였으니 또 그치기 마련이다. 그냥 그런 것이다.

그리하여 색즉시공, 공즉시색이라 한다. 무상이고 무아다. 집착하면 일체가 개고요, 집착하지 않고 머무르지 않으면 열반적정이 된다.

원하고 바라는 만큼 마음은 움직인다. 움직이는 마음은 인과를 따른다. 한번은 좋고 한번은 나쁘게 된다. 맑은 만큼 흐리게 되고 흐린 만큼 맑게 된다. 그리고 곧 또다시 흐리게 된다.

평양감사도 자기가 싫으면 그만이라는 말이 있다. 높은 자리에 오르면 기분이 좋을 것이다. 그러나 기분이 좋은 만큼의 인과에 의한 과보로 인해 기분 좋지 않은 일이 반드시 생길 것이다. 하지만 평양감사를 하지 않으면 좋은 기분도 없을 것이다. 따라서 인과의 과보도 발생하지 않아서 기분 나쁠 일도 생기지 않는다.

근자에 높은 자리에서 떵떵거리며 기분 좋은 시절을 만끽한 사람들이 감옥에 많이 들어갔다. 인과가 생각보다 빨리 다가온 것이다. 어떤 경우에는 다음 생에 과보를 받을 때도 있기 때문이다.

잘 살고 못 사는 것에 집착하지 않는 사람은 거지로 살거나 부자로 살거나 아무 상관이 없다. 권좌와 부자는 그저 이름일 따름이다. 높은 자리는 그냥 그 자리일 뿐임에도 스스로 기분을 만끽한다. 그러므로 기분을 만끽한 만큼의 과보를 받아서 기분이 아주 나쁜 때가 도래하게 된다.

경주의 최부자와 같은 전설적인 사람은 자신이 부자인 것을 뽐내거나 기분을 만끽하며 살지 않았다. 거의 무심한 마음 상태로 살았으니, 좋은 생각과 좋은 행동이 자연스럽게 나온 경우라 하겠다. 그리하여 좋은 일을 많이 했다.

마음을 움직여서 요동을 쳐 봐야 그치게 된다. 그친 마음이 다시 움직여 봐야 이 또한 그치게 된다. 결국 움직임과 그침은 한 몸이다. 따라서 세상을 움직이는 마음을 가진다 해도 그치게 되어 있다. 남는 것은 없다.

그러므로 마음을 움직이지 않는 것이 최상이다. 곧 그칠 것이기 때문이다. 탐욕도 벗어 놓고 성냄도 벗어 놓고 오만 가지 생각도 벗어 놓고 그저 그 어떤 것에도 집착하지 않는 마음, 중도의 마음이 정답이다. 인과와 인연, 순리와 불법에 간섭하는 마음을 갖지 말아야 한다. 놓고 또 놓고 방하착 하라는 것이 부처님과 조사 스님들의 가르침이다.

止動無動(지동무동)

動止無止(동지무지)

그침에서 움직이니 움직임이 따로 없고
움직임에서 그치니 그침이 따로 없다

○

止(지)그칠지 動(동)움직일동 無(무)없을무 動(동)움직일동

動(동)움직일동 止(지)그칠지 無(무)없을무 止(지)그칠지

53

되면 되는대로, 안되면 안되는대로

兩旣不成
양 기 불 성

一何有爾
일 하 유 이

둘이 이미 이루어지지 못하는데
하나가 어찌 이루어지겠는가

송頌 　'이렇게 해야지' 하는 마음을 놓고
　　　'저렇게 하면 안되지' 하는 마음을 놓고
　　　이 둘의 분별된 마음마저 놓으면
　　　지금 이 순간 깊이 평안하리라.

강설　　　바라는 대로 이루어질 수는 없다. 죽지 않으려 해도 죽지 않을 수 없고, 오래 살고 싶어도 오래 살 수 없으며, 하고 싶어도 하고 싶은 대로 할 수 없으니, 이미 마음과 달리 실제는 다르다.

그러니 내 마음과 같이 하나로 될 수는 더더욱 없다. 다만, 분별하는 마음이 없으면 둘도 없고 하나도 없다. 생사가 사라지고 생멸도 사라진다. 이를 깨달음이라 하고, 중도라 한다.

'나는 이렇게 해야겠다' 하는 마음이 생기는 즉시, '저렇게 되면 안되는데…'라고 하는 마음의 장애가 이미 생겨버린다. 원하는 것이 생기면 원하지 않는 것 또한 이미 생긴다는 말이다.

살다 보면 상대방의 말에 따라 기분이 좋아지기도 하고 나빠지기도 한다. 기분이 좋아지는 것은 내가 원하는 것에 부합되기 때문이고, 기분이 나빠지는 것은 내가 바라는 것에 부합되지 않기 때문이다.

그러나 기분이 좋아지면 좋아진 만큼의 인과가 생겨서, 그 누군가의 말에 의해 기분이 나빠지는 인과가 또 생기게 된다. 따라서 고락의 인과에 항상 걸리게 된다.

가장 중요한 것은 지금 이 순간 그 어떤 것에도 집착하지 않는 마음이다. 원하고 바라는 것에 집착하지 않아야 한다. 원하고 바라는 것 자체가 고락의 인과가 생기기 때문이다. 원하는 마음을 당장 내려놓고, 바라는 마음을 지금 당장 내려놓아야 한다.

내게 무엇이 생기거나 사라지거나, 얻거나 잃는 것은 모두가 인연의 모양일 뿐이다. 하늘의 구름이 저절로 모이고 흩어지는 것과 같이, 애쓴다고 구름이 모이거나 흩어지는 것은 아니듯이, 본래 얻는 것이나 잃는 것은 없다. 인연 따라 그저 왔다 갔다 하는 모습일 뿐이다.

그러니 얻고 잃는 것에 집착하는 것은 매우 어리석고 무지몽매한 일이다. 그저 인연에 맡기면 된다. 인연에 맡긴다는 마음마저 내려놓는 것이 좋다.

이렇게 마음을 놓는 습관을 들이게 되면 지금 이 순간 지극히 편안해진다. 누가 뭐라 하더라도 그에 따른 감정을 놓아버려야 한다. '미리 손쓰지 않으면 일이 어긋날 텐데' 하는 마음마저 놓아버려야 한다.

되고, 안 되고 하는 것이 무슨 대수인가? 되면 되는 대로의 인과가 생겨서 고락의 과보를 받을 것이고, 안되면 안되는 대로의 인과가 생겨서 고락의 과보를 받을 것이다.

다만, 되면 되는 대로, 안되면 안되는 대로 집착하지 않는다면, 마음은 늘 평안할 것이다. 되는 것에도 마음을 놓고, 안되는 것에도 마음을 놓으면, 되고 안되고의 분별이 없으므로 고락의 과보를 받지 않게 된다. 미리 걱정하고 근심하는 시간에 기도와 참선, 보시와 정진하는 것이 현명한 지자(智者)의 행동이라 하겠다.

兩旣不成(양기불성)
一何有爾(일하유이)
둘이 이미 이루어지지 못하는데
하나가 어찌 이루어지겠는가

○

兩(양)두양 旣(기)이미기 不(불)아닐불 成(성)이룰성
一(일)한일 何(하)어찌하 有(유)있을유 爾(이)어조사이

54

좋고 나쁨, 옳고 그름을 분별하지 말라

究竟窮極
구 경 궁 극

不存軌則
불 존 궤 칙

마지막 궁극에는

맞춤과 법칙이 존재하지 않는다

송頌   좋고 나쁨의 고락분별과

옳고 그름의 시비 분별은

스스로 불편함을 만드는 원인이므로

어떤 경우에도 고락 시비를 놓아라.

강설   중생, 특히 사람이 가지고 있는 본성에는 두 가지가 있다. 하나는 분별 이전의 성품 즉, 불성이라고 하는 마음의 본바탕이다. 여기에는 먼지만큼의 작은 때도 묻지 않은 순수 그 자체를 말한다.

또 하나의 본성은 본능이라고도 말하는데, 자신도 모르게 나오는 버릇인 업, 또는 업식을 말한다. 오욕락에 물들어 찌들고 찌든 과거생의 업장이다. 탐욕과 성냄, 그리고 허망한 생각의 탐진치 삼독심이다. 삼독심은 인과에 걸리게 되므로 끊임없이 괴로움의 과보를 받게 된다. 바로 인과의 법칙을 피할 수 없다.

그러나 수행을 통해 마음의 분별을 완전히 없애고 나면 인과의 법칙을 벗어나게 된다. 더 이상 고통과 괴로움의 과보를 받지 않게 된다. 이때야말로 궁극의 경지에 도달하게 되니, 즐거움을 얻는 방법과 요령, 괴로움을 피할 수 있는 방법과 요령이 전혀 필요치 않게 되고, 자유자재하게 된다.
중생의 인과 윤회에서 부처의 열반적정으로 마음을 옮기게 된다. 견성성불이요, 해탈이며, 이를 깨침 또는 깨달음이라 한다.

사람들은 신구의 삼업을 통해 즐거운 마음을 얻으려 하고, 괴로운 마음을 피하려 한다. 그러나 항상 거듭거듭 강조했듯이, 즐거움과 괴로움은 서로 상대적이라서 즐거움을 얻으려 하면 똑같은 질과 양으로 괴로움이 따르게 된다. 괴로움을 피하려 하면 또다시 즐거움이 필요하고, 이렇게 끊임없는 인과 윤회만 반복될 뿐이다.

　말을 통해 고락의 인과가 발생되고, 행동을 통해 고락의 인과가 생겨나며, 생각을 통해 고락의 인과가 일어난다. 좋고 나쁨도, 옳고 그름도 스스로 고락의 인과가 생겨나는 과정일 뿐이다.

　그러니 한 번 말을 하거나, 한 번 생각을 하거나, 한 번 행동을 하게 되면, 그 자체로서 좋고 나쁨과 옳고 그름의 분별업이 발생하여 쌓이게 된다. 이 두 가지 상반된 것이 인과의 현상으로 번갈아 나타나게 되므로, 이를 시절 인연이라 한다. 좋고 나쁨과 옳고 그름 모두를 차치하고라도 무조건적으로 불편한 마음이 생겨난다면, 이는 분별심 때문이다.

　종교인이나 지식인, 특히 불교인이나 수행자를 막론하고, 만약 좋고 나쁨의 고락과 옳고 그름의 시비를 따지는 이가 있다면, 그래서 스스로 불편한 마음을 가지고 있다면, 이는 진정한 불자나 수행자가 아니다. 아직 분별심이 남아 있다는 증거이기 때문이다.

사람을 보거나, 사물을 보거나, 사회나 단체, 국가와 세계를 보고 논하면서, 좋고 나쁨을 분별하거나, 옳고 그름을 분별하며 화를 내거나, 미워하거나, 남의 탓을 한다면, 이는 스스로 불편한 마음을 지니고 있는 것이다. 자신의 분별심으로 인한 고락의 업을 피할 수는 없다.

불보살과 나한은 물론, 도가 높을수록, 수행이 깊을수록, 무엇을 보거나 말하더라도, 무슨 생각을 하거나 어떤 행동을 하더라도 마음이 불편하지 않다. 왜냐하면 좋고 나쁜, 옳고 그른 분별심이 없기 때문이다. 인과 적용을 받지 않아서 괴로움의 과보가 없다. 이를 중도의 마음이라 한다.

그러므로 좋고 나쁨의 분별을 좋아하거나, 옳고 그름의 시비 분별을 좋아하는 사람은 그만큼의 인과의 과보로 말미암아, 스스로 괴롭고 스스로 불편한 마음을 가지게 된다. 자업자득이다.

욕심이 많아서 좋은 것을 많이 구하려 하거나 가지려 하는 사람은, 그만큼의 나쁜 일도 많이 생길 뿐만 아니라, 스스로 불편하고 괴로운 업을 많이 지니게 되고 또 짓게 된다.

제발, 좋고 나쁨을 분별하지 말라. 옳고 그름의 시시비비를 분별하지 않으며, 있는 그대로 받아들이고, 있는 그대로 볼 줄 아는 지혜인이 되어야 한다. 그리하여 인과 법칙의 속박에서 벗어나야, 완전한 자유인이 되어 날마다 좋은 날 즉, 일일시호일(日日時好日)이 될 것이다.

이것도 저것도 다 어렵다면, 기도와 참선, 보시와 정진으로 분별의 업을 멸해야 할 것이다.

究竟窮極(구경궁극)
不存軌則(불존궤칙)
마지막 궁극에는
맞춤과 법칙이 존재하지 않는다

○

究(구)궁구할구 竟(경)다할경 窮(궁)다할궁 極(극)다할극
不(불)아닐불 存(존)있을존 軌(궤)궤도궤 則(칙)법칙칙

55

좋은 것은 나쁜 것을 낳고,
옳은 것은 그른 것을 낳는다

契心平等
계 심 평 등

所作俱息
소 작 구 식

근본 마음과 계합하면 평등하므로

하는 일마다 힘이 들지 않게 된다

송頌   좋은 마음은 나쁜 마음을 낳고
옳은 것은 그른 것을 낳는다.
좋고 싫은, 옳고 그른 분별심을 놓아야
내게 오는 인연이 순조로워진다.

강설 　　　근본마음과 계합하여 맺게 되면, 평등한 마음이 되어 하는 일마다 힘들지 않게 된다는 말이다. 좀 어려운 게송이기는 하나, 분별이 없는 본성으로 돌아가게 되면 모든 것이 해결된다는 의미다.

'이제부터는 화를 내지 말아야지' 하고 다짐을 할 때가 많다. 그러나 화를 낸다는 것은 마음에 들지 않는 일이 있다는 것을 전제하고 있다. 그러므로 화를 억지로 내지 않는 것이 중요한 게 아니라, 마음에 들지 않는 것이라는 분별된 마음부터 없어야 한다.

마음에 들지 않는다는 것은, 내가 원하는 것이 따로 있다는 뜻이 된다. 원하고 바라는 바는 또한 원하지 않고 바라지 않는 바가 있다는 것이다. 이는 인과의 법칙에 따라 둘 모두 생겨날 수밖에 없으며, 또한 번갈아 나타나게 된다.

따라서 원하고 바라는 마음을 놓아야 원하지 않고 바라지 않는 일도 생기지 않게 된다. 원하는 것을 성취한다면 원하지 않는 것도 맛봐야 한다. 원하지 않는 것을 맛보지 않으려면, 원하는 마음을 놓고, 바라는 마음도 놓아야 한다.

'편하게 살아야지' 하는 마음이 있는 이상 불편한 일이 생길 수밖에 없다는 것을 명심해야 한다. 이는 '맑은 하늘만 봐야지'라고 하는 마음이 있는 이상, 흐린 하늘이 저절로 생기는 이치와 같다. 그러므로 맑은 하늘이 되었건, 흐린 하늘이 되었건, 좋고 싫은 고락의 마음이 없어야, 맑은 하늘이든, 흐린 하늘이든 내 마음을 어지럽히지 않게 된다.

맑은 하늘과 흐린 하늘은 인과의 모습일 뿐이다. 마찬가지로 살아가면서 일어나는 모든 일은 인과의 모습일 뿐이다. 이런 일과 저런 일의 인과에 대해 '좋다 싫다'라고 하는 감정을 덧붙이는 것이야말로 쓸데없는 군더더기에 불과하다. 괜히 마음만 어지럽히는 자업자득에 지나지 않는다.

때문에 '좋다 싫다', '옳다 그르다'라고 하는 분별심을 제거하면 있는 그대로 본성의 마음으로 돌아가게 되어 모두가 평등하게 보인다. 그리하여 하는 일마다, 인연 닿는 것마다, 마음은 쉬게 되고 힘이 들지 않게 된다.

어떤 이가 나를 모함을 했다 치자. 화가 날 것이다. '만나면 혼을 내줘야지' 하고 결심하기 마련이다. 이때 모함이라는 분별심과 화가 나는 분별심과 '혼을 내줘야지'라고 하는 분별심이 온 마음에 가득해지면서 기분이 좋지 않게 된다.

당사자를 만나면 더욱 화가 나고 기분이 좋지 않을 것이다. 나라고 하는 아상의 분별심이 원인이다. 나라고 하는 마음이 강하면 강할수록 너라는 상대성이 강하게 일어난다. 이렇게 모든 것을 대하는 마음이 분별심으로 가득하다.

이때의 마음은 좋고 싫은 것이 분명하게 되고, 나와 너가 분명하게 되며, 옳고 그름이 분명하게 분별된다. 만나서 혼을 내주거나, 모함에 대한 오해가 풀어지게 되면 기분이 다시 좋아질 수도 있을 것이다.

그러나 문제는 좋고 싫은, 옳고 그른, 고락 시비라는 분별심은 그대로 남게 된다. 따라서 더욱 큰 업장으로 쌓이게 될 것임은 물론, 언제 어디에서나 이와 유사한 일이 인과적으로 반드시 반복하여 일어나게 된다는 사실이다.

해결 방법은 마음을 놓는 것이다. 모함이라는 마음도 놓고, 화나는 마음도 놓고, 혼을 내야 한다는 마음도 놓고, 기분이 좋지 않은 마음도 놓아야 한다. 모함과 화냄과 분심(憤

心)과 옳고 그름의 시비는 고락의 인과를 반복할 뿐이며 한 걸음 더 나아가 허깨비 장난에 불과한 것이기 때문이다.

　　이러한 분별된 마음을 그때그때 놓아야, 고락 시비의 분별이 없는 본마음으로 돌아가게 된다. 그렇게 된다면 그 어떤 일이 되었건, 그 무슨 인연의 모습이든, 모두를 평등하게 보고 평등하게 대하게 되니, 불편한 마음과 힘든 마음이 일어나지 않게 된다. 오늘도 탐하는 마음도 놓고, 성내는 마음도 놓고, 바라는 마음도 놓아보는 하루를 만들어 보도록 하자.

契心平等(계심평등)
所作俱息(소작구식)
근본 마음과 계합하면 평등하므로
하는 일마다 힘이 들지 않게 된다

○

契(계)맺을계 心(심)마음심 平(평)평평할평 等(등)가지런할등
所(소)바소 作(작)지을작 俱(구)함께구 息(식)숨쉴식

56

해 뜨는 것을 의심하지 않듯이

狐疑淨盡
호 의 정 진

正信調直
정 신 조 직

여우 같은 의심이 깨끗이 사라지면

바른 믿음이 올바로 곧아진다

송頌   해 뜨는 것을 의심하지 않고

해지는 것을 의심하지 않듯이

이런 일 저런 일 모두가 인과의 현상이니

그 어떤 일일지라도 의심하지 말고 믿어라.

　　　사람의 생각하는 밑바탕에는 항상 의심이 깔려 있다. '이렇게 하면 좋아질까', '저렇게 하면 나빠질까'라고 하는 망상은 모든 사람의 공통된 마음이다.

그러나 이같은 의심은 인과에 대한 믿음이 없기 때문에, 마음은 항상 불안하고 불편하게 된다.

차생고피생(此生故彼生) 차멸고피멸(此滅故彼滅)이다. '이것이 생기면 저것이 생기고, 이것이 사라지면 저것도 사라진다'는 〈중아함경〉에 나오는 내용이다. 이를 정확히 알고 믿으면, 어떤 일에서나 아무런 의심을 하지 않게 되고 고민은 사라질 것이다. 이것과 저것이라는 분별심 때문에 고락 시비의 인과가 발생하게 되면서 끊임없이 과보의 굴레를 거듭하게 된다.

좋은 일과 좋은 것을 구하는 마음은 본능이라 하지만 이 또한 욕심이다. 좋은 일은 나쁜 일이 생기는 원인이 되고, 좋은 것은 나쁜 것이 생기는 원인이 되기 때문이다.

좋다고 생각하는 즉시 나쁜 것이 기다리고 있고, 즐겁다고 느끼는 즉시 똑같은 양의 괴로움이 기다리고 있다. 만약, 나쁜 일이 생겼다면 이는 똑같은 양의 좋은 일을 겪었기 때문이다. 기분이 나쁘고 괴롭다면, 기분이 좋았던 때와 즐거운 때가 있었기 때문에 그 인과의 과보가 발생한 것이다.

해가 떴다면 반드시 해가 지는 인과가 생기게 되고, 밀물이 들어왔으면 반드시 썰물로 나가게 되는 인과가 생긴다. 밝은 낮이 있었다면 어두운 밤의 인과가 있기 마련이다. 태어남이 있으면 죽음이 기다리고 있고, 젊은 시절이 있으면 늙은 시절이 반드시 도래하게 된다.

그러므로 좋은 것과 나쁜 것의 질과 양은 그 차이가 한 치도 없다. 즐거움과 괴로움의 질량 역시 한 치의 차이 없이 나타나는 것을 인과의 법칙이라 한다.

좋은 것을 구하면 구할수록 나쁜 과보가 똑같이 생겨난다. 즐겁고 기쁘고 행복한 것을 구하면 구할수록 인과의 과보로 인하여 괴로움과 슬픔, 불행이 똑같은 양으로 생겨나기 마련이다.

이를 업장 또는 업식, 자업자득, 업인업과, 인과응보라 하며, 그 모습으로 나타나는 것을 업연, 또는 시절 인연이라 한다. 이를 통틀어 인과라 하는 것이다.

이를 의심하지 않고 철저히 믿는 신심이 견고하면, 좋은 일에도 머물지 않고, 나쁜 일에도 집착하지 않게 된다. 욕심도 벗어 놓고, 성냄도 벗어 놓고, 여우와 같은 의심과 망상을 하지 않게 될 것이다.

그래서 부처님께서는 좋은 것 나쁜 것이라고 하는 양쪽의 분별심을 버려야 중도의 마음이 되어, 생사와 생멸이 사라진다고 하셨다. 이를 열반이라 하고, 해탈이라 하며, 반야의 지혜, 깨달음이라 하셨다.

이런 일이 생기든, 저런 일이 생기든, 그 어떤 일이 생기더라도 즐거움과 괴로움, 기쁨과 슬픔, 행복과 불행, 좋고 나쁨, 옳고 그름에 대하여 이러쿵저러쿵 분별하지 않아야 한다. 있는 그대로 보고 있는 그대로 받아들이며, 집착하지 않고 마음을 머무르게 하지 않아야 고락의 인과가 생기지 않게 된다.

그리하여 인과에 대한 신심을 더욱 견고하게 하여, 좋은 일에도 무심하고, 나쁜 일에도 무심하며, 이런 일에도 마음을 놓고, 저런 일에도 마음을 놓고, 탐하고 성내고 의심하는 마음을 즉시 내려놓아야 한다.

순간순간 방하착하는 마음이 진실한 기도요, 참다운 참선이며, 그래서 보시하는 데 조건이 붙지 않게 되고, 이와 같이 늘상 이어지는 것이 정진이다.

狐疑淨盡(호의정진)
正信調直(정신조직)
여우같은 의심이 깨끗이 사라지면
바른 믿음이 올바로 곧아진다

○

狐(호)여우호 疑(의)의심할의 淨(정)깨끗할정 盡(진)다할진
正(정)바를정 信(신)믿을신 調(조)적합할조 直(직)곧을직

57

머물지 않으니 기억할 만한 것이 없다

一切不留
일 체 불 유

無可記憶
무 가 기 억

모든 것에 머물지 않으니

기억할 만한 것이 없다

송頌   지금 머물지 않으면

과거의 기억이 필요치 않고

고락 시비 업장의

기억을 없애면

현재 일어나는 일들에도 초연하게 된다.

강설　　　지금 '좋다 나쁘다, 옳다 그르다'라고 하는 고락 시비의 분별된 마음은 바로 저장되어 있던 기억이 나타난 것이다. 이를 업이라 하고 업식, 또는 업장이라 하며 장애라고도 한다.

몸이 아픈 것도 몸이 아픈 것을 기억하고 있기 때문이다. 먹고 싶고 자고 싶은 것, 그리고 모든 오욕락은 머리와 몸의 세포 하나하나에 저장되고, 기억이 되어 있기 때문이다. 탐욕과 성냄, 생각의 탐진치 삼독심 역시, 온몸과 마음에 업식으로 저장된 기억의 산물이다. 나도 모르게 나타나는 것을 무의식 또는 잠재의식이라 한다.

따라서 마음과 같이 의지대로 되지 않는 것은 기억된 본능이 강하게 나타나기 때문이다. 그래서 '먹지 말아야지' 하는 의지와 미치게 먹고 싶은 욕망 사이에서 갈등을 하게 되는 것이다. 이번 〈신심명〉 구절은 오히려 반대로 해석하는 편이 훨씬 이해가 쉬울 수도 있겠다. '기억하는 것이 없어야 집착에도 머물지 않는다'라고.

그러나 업장이란 당장 없앨 수 없는 것이다. 저장된 업

식 즉, 기억에 따라 좋고 싫으며, 옳고 그른 고락 시비의 분별된 마음에 머물지 말아야 업식 또는 업장, 인과의 기억을 바꿀 수가 있기 때문이다.

그러니 '좋다'라고 하는 업의 기억도 놓고 '나쁘다'라고 하는 업의 기억도 놓아야 한다. 기분이 '좋다'라고 하는 업의 기억도 놓고, 기분이 '나쁘다'라고 하는 업의 기억도 놓아야 한다. 결국에는 기억할 만한 것이 없게 되면서 나고 죽는 생사 업의 기억조차도 사라지게 되는 것이다. 만약 어떤 이로부터 욕을 얻어먹은 일에 대해 기억을 하고 있다면, 지금도 어떤 이가 나에게 욕을 하는 것에 집착하여 기분이 매우 나빠질 것이다. 기분이 나쁘다고 하는 과거의 기억이 그대로 업으로 저장되어 있기 때문이다.

그러나 지금 나에게 기분이 좋고 나쁜 고락의 분별심이 없다면, 어떤 이가 설사 나에게 욕을 한다고 하더라도 기분이 나쁘지 않을 것이다. 그저 '욕을 한다'라고만 인지할 뿐이니 과거에 기분이 나쁜 기억조차도 생겨나지 않게 되므로 '욕을 했다'라는 사실만 인지하게 된다.

모든 것에 집착하여 마음이 머물지 않으려면 나에게 저장되어 있는 업의 기억을 없애야 한다. 이는 육근(六根)에 의한 신심[六識]의 습(習)을 중도의 마음으로 바꾸어야 한다.

그렇게 하려면 순간순간 깨어 있어야 하는데 어떤 일을 대하더라도, 탐진치 삼독심이 일어나는 마음을 잘 살펴서 막아야 한다. 동시에 인과를 생각하는 습을 길러야 한다.

상대 또는 사물을 대할 때마다, 순간적으로 일어나는 걱정 근심의 감정을 그때그때 놓고 또 놓아야 한다. 말과 생각 행동 등 삼업의 하나하나에 삼독심을 일으키지 않도록 하고 인과를 생각해야 한다.

이와같은 습관을 기르고자 한다면 정진을 통해 끊임없이 행해야 한다. 그래야 의식을 하지 않아도 신구의 삼업이 저절로 분별하지 않고 집착하지 않으며 머무르지 않게 될 것이다. '자식이 잘돼야지', '사업이 잘돼야지', '꼭 시험에 붙어야지', '시험에 붙어야 탄탄대로 성공하지' 등에 대해 미리 걱정을 하게 되면, 노력을 한층 더하게 되는 계기는 될 수 있을 것이다. 그러나 설사 성공을 했다 하더라도 성공에 대한 기쁨과 행복 등에 의한 인과의 과보가 생기게 된다.

그러므로 미리 걱정하지 않고 마음을 비우며 '인과 인연에 따라 되겠지' 하고 무심한 상태에서 분별심 없는 마음으로 대한다면 더욱 능률이 올라서 훨씬 쉽게 성공할 수도 있겠다. 혹여 시험에 붙지 않는다 하더라도 고락에 대해 인과를 믿는 마음만 출중하다면 시험에 붙든 붙지 않든 그것은 겉모양에 불과할 뿐 실제로 성패와 상관없이 실망도 걱정도 없을 것이다.

되면 되는대로 인과가 생겨서 고락과 시비가 생기게 되고, 안되면 안되는 대로 인과가 생겨 고락 시비의 과보를 받을 것이다. 따라서 어떤 일에 대해서도 애초에 바라는 마음, 원하는 마음에 집착하지 않고 머물지 않는다면, 고락과 시비가 사라지게 되고, 과거의 기억도 미래의 망상도 사라지게 되어 지금 이 순간 편안한 마음이 될 것이다.

그러므로 기억하고 싶지 않으면 지금 이 순간에도 집착하지 않고 머무르지 않으며, 고락과 시비에 대해 시시비비 의심하지 않고 고민하지 말아야 한다. 기도와 참선, 보시와 정진은 나의 분별심을 멈추게 하는 가장 훌륭한 방법이다.

一切不留(일체불유)

無可記憶(무가기억)

모든 것에 머물지 않으니

기억할 만한 것이 없다

○

一(일)한일 切(체)온통체 不(불)아닐불 留(유)머무를유

無(무)없을무 可(가)옳을가 記(기)기록할기 憶(억)생각할억

58

애써 마음을 힘들게 하지 않는다

虛明自照
허 명 자 조

不勞心力
불 노 심 력

텅 비고 밝아 저절로 비추니

애써 마음을 힘들게 하지 않는다

송頌   좋은 감정이 10이면 싫은 감정도 10이다.

좋은 감정이 0이면 싫은 감정도 0이다.

이 둘의 고락의 업에 의해

좋은 일과 나쁜 일이 생기니

이 두 가지 업 가운데 무엇을 선택할 것인가.

　　　　이 구절은 말을 하거나 생각을 하거나 행동을 할 때 즉, 신구의 삼업에 있어서 단 한 점도 힘들지 않고 편안한 상태를 말한다.

그러나 이는 보통의 사람들로서는 이루기 힘든 내용이다. 일반적으로는 말을 어떻게 해야 할까, 어떻게 하면 잡념을 멈출까, 어떤 행동을 해야 가장 기분이 좋고 다른 사람들에게도 잘 보일 수 있을까라는 고민을 할 때가 많다.

물론, 분별심 때문이다. 말을 할 때도 상대에 따라 고운 말을 해 줌으로써 내 스스로 기분이 좋아지는 경우가 있다. 반대로 험한 말을 하여 상대를 기분 나쁘게 해야 내가 속이 시원해지면서 기분이 좋아지는 경우도 있기 마련이다. 생각도 마찬가지다. 좋은 생각을 하면서 기분이 좋아지는 경우도 있지만, 걱정 근심 때문에 스스로 기분이 나빠지는 경우도 있다.

몸을 움직여 행동하는 것 또한 그렇다. 기분이 좋을 때는 움직임도 경쾌하고 부드러우나, 기분이 나쁠 때는 거친 행동과 함께 상대에게 물리적인 타격을 가할 때도 있다.

모두가 고락의 감정과 기분 때문이다. 따라서 보통의 사람에게는 즐거움, 기쁨, 행복한 감정의 좋은 기분과 괴로움, 슬픔, 불행한 감정의 나쁜 기분을 함께 가지고 있다. 이를 통틀어 고락의 업이라 한다.

　좋은 기분의 감정이 10이라면, 나쁜 기분의 감정 역시 10이 된다. 이를 인과의 법칙이라 하고 업이라 한다. 어떤 이가 좋은 기분의 감정이 100을 가졌다면, 나쁜 기분의 감정 역시 100이 된다. 어떤 이가 좋은 기분의 감정이 1000을 가졌다면, 나쁜 기분의 감정 역시 1000이 된다.

　살아가는데 어느 때는 1의 기쁨도 있고 10의 행복도 있으며, 20의 즐거운 기분도 있을 것이다. 마찬가지로, 때에 따라 1의 슬픔도 있고, 10의 불행도 있으며, 20의 괴로운 기분도 있을 것이다. 이러한 감정의 기분은 말로써, 생각으로써, 행동으로써 나타나게 된다. 시절 인연에 따라 기분이 좋은 일이 생기기도 하고, 때가 되면 기분이 나쁜 일이 벌어지기도 한다. 자신이 가지고 있는 고락의 업이 현실로 나타나기 때문이다.

그러나 대부분의 사람들은 좋은 일이 생기니까 기분이 좋아지고, 나쁜 일이 생기니까 기분이 나빠지는 것으로 오해하고 있다. 그러나 사실은 자신의 기분 좋은 업이 큰 만큼 기분 나쁜 업도 큼으로, 이러한 좋고 나쁜 고락의 업에 따라 좋은 일이 생기기도 하고 나쁜 일이 생기기도 한다는 것을 분명히 알아야 한다.

그러므로, 자신의 고락의 업은 그대로 놔둔 채 일이 잘되기 만을 바라는 것은, 손이 가려운데 발을 긁는 것과 같다. 또 자신의 몸은 그대로 놔두고 본인의 그림자를 잡으려 하는 것과 같이, 매우 어리석은 짓이 아닐 수 없다. 좋고 나쁜 분별심으로 인해 고락의 업이 쌓여서 좋고 나쁜 일이 반복된다. 따라서 고락의 업을 끊고 중도의 마음이 되어야 좋고 나쁨과 생사와 생멸이 사라지게 된다.

이를 허명자조(虛明自照 텅 비고 밝아 저절로 비추니)라고 한다. 따라서 고락 분별의 업을 멸해야 신구의 삼업이 청정하게 되어 불노심력(不勞心力 애써 마음을 힘들게 하지 않는다)이 되는 것이다.

고락의 업을 멸하려면 매사에 있어서 좋고 나쁜 분별심을 갖지 말아야 한다. 말을 할 때와 생각을 할 때, 일체의 행동에 있어서 좋고 나쁜 감정을 드러내지 말고, 있는 그대로 보고 있는 그대로 받아들이는 습관을 길러야 한다. 그래서 기도와 참선, 보시와 정진은 필수 불가결한 것이다.

虛明自照(허명자조)

不勞心力(불노심력)

텅 비고 밝아 저절로 비추니

애써 마음을 힘들게 하지 않는다

○

虛(허)빌허　明(명)밝을명　自(자)스스로자　照(조)비칠조

不(불)아닐불　勞(노)힘쓸노　心(심)마음심　力(력)힘력

59

싫고 나쁜 것을 없애려면 좋은 것도 없어야 한다

非思量處
비 사 량 처

識情難測
식 정 난 측

생각으로 헤아릴 곳이 아니니

아는 것과 감정으로 측량키 어렵다

송頌   신구의 삼업으로써

고락 인과를 만드니

아무리 논해봐야 결론은 허무와 고통뿐

고락 시비의 분별을 놓아야

비비상처를 넘어 안락에 이르리.

강설   보고 듣는 것에 좋다 싫다 등의 감정이 얹혀지지 않으면 그냥 보이고 들릴 뿐이다. 태어나고 죽는 것에 좋다 싫다는 감정을 얹지 않으면 그냥 태어나고 죽을 뿐이다. 보통의 사람들은 보는 것에 감정을 싣고, 듣는 것에 감정을 실으며, 태어나는 것은 좋고, 죽는 것은 싫다는 감정을 싣는다.

가끔은 무심할 때도 있다. 허탈할 때나, 몸에 생기가 없어서 무기력할 때, 또는 이것저것 모두 포기하고 싶을 때, 이럴 때는 아무런 감정이 생기지 않는 듯 착각하기도 한다. 그러나 그것도 잠시일 뿐, 지속되지는 않는다.

좋다 싫다, 옳다 그르다 등의 감정은 인과에 걸린다고 했다. 좋은 것만큼의 싫고 나쁜 것이 상대적으로 생기기 때문에, 어느 때는 좋은 일이 생긴다면 그 과보로 인해 어느 때는 싫고 나쁜 일이 생긴다고 했다.

싫고 나쁜 것을 없애기 위해서는 좋은 것도 없어야 한다. 이를 중도라 했다. 이같은 경지의 마음을 가지려면 엄청난 수행을 통해 탐진치 삼독심의 업과 습을 바꾸거나 없애야 한다.

불교에서는 마음의 모습을 크게 여섯 단계로 나눈다. 비교적 좋은 세계의 마음인 천상과 아수라, 인간의 삼선도(三善道)가 있고, 비교적 나쁘고 고통스러운 지옥과 아귀, 축생의 삼악도(三惡道)가 있다. 문제는, 극도로 즐거운 천상의 마음이 있다면, 극도로 괴로운 지옥의 마음도 함께하기 마련이다. 인과의 법칙에 따라, 한때는 천상의 즐거운 때를 맛보고 한때는 지옥의 괴로운 때를 맛보게 되어 있다.

인간의 마음과 아귀의 마음 또한 서로 상대적이다. 욕심을 일으켜 즐거움을 맛본 만큼, 아귀의 배고픔을 맛보게 되어 있다. 이 또한 인과법에 따라 서로가 따로 나타나게 된다.

아수라와 축생 역시 서로 상대적으로 나타난다. 이는 업보를 받는 과정으로 짐승이나 아수라는 마음을 닦는 수행 과정이 없기 때문에 둘 다 서로 약육강식만 남아서 시끄럽기만 하다.

이 여섯 세계가 물리적으로 있고 없고는 사실 그렇게 중요하지 않다. 모든 것은 마음에 따라 생겨나는 것이므로 분명히 존재할 것이다. 그러나 이보다 더 중요한 것은, 지금 내 마음이 바로 이 여섯 가지의 마음을 가지고 있다는 사실이다.

때로는 천상과 같이 행복할 때도 있고, 때로는 수라와 같이 마음 시끄러울 때도 있으며, 어느 때는 인간적인 마음이 생길 때도 있다. 마음이 극도로 괴로운 지옥 같은 때도 있고, 아귀와 같은 굶주림에 눈에 보이는 것이 없기도 하며, 짐승같이 막무가내의 마음도 있을 것이다.

여기까지는 보통의 사람들이 느끼는 생각과 감정으로서, 삼선도와 삼악도의 마음이 서로 상대적으로 나타나게 된다. 그리하여 좋은 때의 마음과 싫고 나쁜 때의 마음이 인과적으로 번갈아 나타나게 된다.

다음으로 이 육도의 마음을 벗어난 선(禪)의 마음이 있다. 마음을 깨치기 위해서는 기본적으로 탐진치 삼독심을 버려야 한다. 이때부터 고락의 인과를 거치지 않고 과보를 받지 않기 위해 마음 안에 있는 분별심을 완전히 없애기 위한 보임(保任)의 기간이라 하겠다.

이러한 마음의 단계는 욕계와 색계, 무색계라는 삼계(三界)를 말한다. 삼계를 또 나눈다면 욕계의 마음 6단계, 색계의 마음 18단계, 무색계의 마음 4단계를 합쳐서 28단계의 마음이 있다고 했다.

그 다음은 완전한 깨침의 세계인 불세계 즉, 부처의 단계를 말한다. 바로 성불(成佛), 해탈(解脫), 열반(涅槃), 피안(彼岸), 아뇩다라삼먁삼보리, 중도(中道), 진성(眞性), 반야(般若), 화엄(華嚴), 법화(法華), 금강(金剛) 등으로 불린다.

한마디로 표현하자면, 이 마음의 단계가 올라갈수록 분별심이 점점 끊어지고, 탐진치 삼독심이 줄어들며, 욕심이 사라진다. 따라서 고통과 괴로움도 그만큼 줄어들면서, 마지막 28단계인 비비상처천(非非想處天)의 마음에 이르면 완전한 중도의 마음이 된다. 고락의 인과가 완전히 멸해 생사와 생멸이 없어지게 된다.

이번 구절은 바로 이러한 경지를 뜻하는 것이다. 도저히 말로써 표현할 길이 없고 생각으로 헤아릴 수도 없으며 감정으로는 더더욱 느끼지 못하는 완전히 별개의 완벽한 마음 상태를 가리킨다.

모든 중생과 일체의 사람은 이같은 마음의 경지에 찾아들어가야 한다. 그렇지 않으면 매일같이 육도의 마음을 벗

어나지 못하고 영원히 윤회할 수밖에 없다. 따라서 생각과
감정에 끄달려서 스스로 힘들게 살지 말아야 할 것이다.

고락 시비에 대해 이러쿵저러쿵 아무리 논해봐야 다람쥐
쳇바퀴 돌듯 제자리에서 한 걸음도 나가지 못한다. 아무것
도 모르면서 자기가 알고 있는 알량한 눈높이에서 아는 체
고집하지 말아야 한다. 마음을 깨치지 못했다면 우선 무심
으로 기도와 참선, 보시부터 해야 할 것이다.

非思量處(비사량처)
識情難測(식정난측)
생각으로 헤아릴 곳이 아니니
아는 것과 감정으로 측량키 어렵다

○

非(비)아닐비 思(사)생각사 量(량)헤아릴량 處(처)곳처
識(식)알식 情(정)감정정 難(난)어려울난 測(측)잴측

60

남도 없고 나도 없다

眞如法界
진 여 법 계

無他無自
무 타 무 자

법의 세계는 진실하고 여여하니

남도 없고 나도 없다

송頌 세상은 그냥 그대로일 뿐이니
보고 느끼는 것은
순전히 나의 고락 업이다.
스스로 짓고 스스로 받는
업이니만큼
나의 업만 없애면
무슨 문제가 있으리오.

강설　　　중생은 각자의 생각과 감정에서 세상을 바라본다. 자기가 가지고 있는 고락 시비의 업에 의해 분별하는 것이다.

사람은 사람대로 세상을 바라보고, 짐승은 짐승대로 세상을 바라보며, 귀신은 귀신대로 세상을 바라본다. 사람이 물을 보는 것과 물고기가 물을 보는 것은 전혀 다르다. 사람도 사람에 따라 세상을 보는 눈과 생각은 천양지차이다.

각자가 보는 관점이 전혀 다를 수는 있으나, 누가 어떤 생각을 하든, 어떤 감정으로 보든간에, 그것은 보는 이의 생각과 감정일 따름이고, 세상의 모든 모습은 한 치의 오차도 없이 그냥 그대로일 뿐이다.

사람이 생각하기에는, 세상 모든 것은 생로병사하고 성주괴공과 생주이멸하며, 인과와 인연에 의해 한시도 쉬지 않고 변하고 사라지는 것처럼 보일 수도 있다. 이 또한 그렇게 보는 사람의 생각일 뿐이다.

진여법계 즉, 법의 세계는 진실하고 여여할 뿐, 좋고 나쁜 고락과 옳고 그른 시비가 붙을 자리가 없다. 무타무자(無他無自) 즉, 나와 남이 어디에 있고, 이것과 저것이 어디에 있겠는가.

모든 것은 나라는 존재에서부터 시작된다. 바로 아상 때문이다. 내가 생각하고, 내가 느끼며, 내가 행동한다. 나의 생각으로만 세상을 바라보고, 나의 느낌으로만 세상을 느낀다. 생각과 감정은 순전히 각자의 몫이다. 내가 지어 만들고, 나 스스로 좋고 싫고 나쁘고, 옳고 그름을 따지면서 스스로 인과에 의한 과보를 받아 윤회를 거듭한다.

따라서 스스로 짓고 받는 자업자득을 조금씩이라도 없애는 것이 관건이다. 가장 기본적으로 해야 할 것은 매사에 집착하지 않는 것이다. 얻는 것에 집착하게 되면 반드시 잃는 현상이 생기게 된다는 것을 알아야 한다. 얻는 것은 그냥 얻어지는 것이 아니다. 얻는 것에 집착하게 되면 무조건 얻으려는 생각으로 말미암아 걱정 근심이 생긴다. 또한 잃지 않으려고 하는 마음 때문에 걱정 근심이 끊이지 않게 된다.

조금 더 얻고 조금 덜 잃지 않으려는 생각이야말로 조삼모사일 뿐이다. 얻고 잃는 것에 초연한 마음을 가지고 오고 가는 인연을 거스르지 말아야 한다. 그래야 걱정과 근심이 생기지 않게 된다. 더 중요한 것은 얻고 잃고 오고 가는 것이 문제가 아니라, 좋고 싫은 감정이다. 좋은 것은 싫은 것을 낳게 되고, 싫은 것은 업습에 의해 다음에 또 싫은 것이 반복될 수밖에 없다.

따라서 좋고 싫은 고락의 감정에 의해 좋은 일과 나쁜 일이 발생하게 된다. 그러므로 좋은 일과 나쁜 일이 따로 일어나는 것이 아니다. 모두가 스스로 좋고 싫은 마음의 업에서 발생하여 밖으로 나타나게 된다. 마음 안에 있는 좋고 싫은 분별심의 업을 멸해야 근본적으로 해결이 된다는 것을 명심해야 한다.

부자가 되고 권력을 잡고 어려운 시험에 합격하고 사업에 성공하고 건강하고 횡재하고 이름을 날리고 승진하고 자식이 잘되고 돈을 많이 벌고 등등의 즐겁고 기쁜 일이 생기는 것은 마음에 즐겁고 기쁘고 행복한 고락의 업이 현실로 나타난 것이다.

그러나 명심해야 할 것은, 이렇게 좋은 일로써 즐겁고 기쁘고 행복한 만큼 그 인과로 말미암아 딱 그만큼의 괴롭고 슬프고 불행한 나쁜 일이 반드시 생겨난다는 사실이다. 마음의 반은 좋은 기분의 감정을 갖고 있고 마음의 반은 나쁜 기분의 감정을 갖고 있기 때문이다. 이를 인과의 업이라고 한다.

수행을 잘하는 스님들이 모든 것을 버리고 집착하지 않으려 하는 것은 바로 좋은 것을 모두 버림으로써 나쁜 과보를 받지 않기 위함이다. 세상에 절대로 공짜는 없다.

그럼에도 불구하고 이를 실천하기 어려운 것은 찌들고 찌들어서 금강석처럼 굳어버린 업과 습 때문에 탐진치 삼독심의 본능을 넘어서지 못하기 때문이다. 따라서 먼저 자신의 과거 업장을 참회하는 마음부터 가져야 한다. 그러기 위해서는 기도와 참선, 보시와 정진을 우선해야 한다. 한번쯤 진지하게 생각하여 시작해야 할 것이다.

眞如法界(진여법계)

無他無自(무타무자)

법의 세계는 진실하고 여여하니

남도 없고 나도 없다

○

眞(진)참진 如(여)같을여 法(법)법법 界(계)지경계

無(무)없을무 他(타)다를타 無(무)없을무 自(자)스스로자

61

오직 둘 아님만을 말하라

要急相應
요 급 상 응
唯言不二
유 언 불 이

재빨리 대응하고자 한다면
오직 둘 아님만을 말하라

송頌   이렇게 해도 고락 인과요
저렇게 해도 고락 인과에 걸리니
이렇게 해도 마음 내려놓고
저렇게 해도 마음 내려놓으면 고통 끝.

강설　　　　이 구절 또한 분별하지 말라는 뜻이다. 더 정확히 말하면 어떤 대상을 대하고 만나더라도, 좋고 싫은 감정을 일으키지 말라는 말이다.

기본적으로 오욕락에 있어서 고락의 감정을 일으키지 않아야 한다. 먼저 인간의 본능적인 욕구 가운데 수면이 있다. 누구나 잠을 자지 않으면 살 수 없다. 잠이 오면 자야 하나 말아야 하나 고민하지 말고 그냥 자면 된다. 일이 있는데 잠을 자서 때를 놓치면 어떡하나 하고 걱정할 수도 있다. 그러면 잠을 자지 않으면 된다. 잠을 못 자면 몸에 이상이 생겨서 문제가 될 수 있다.

이러한 갈등이 생길 때, 재빨리 둘 아님을 깨달아서 잠을 자거나 자지 않는 것에 대한 집착에서 벗어나야 한다. 잠은 오는데 잠을 자거나 늦게 일어나서 할 일을 못하면 어쩌나 하는 집착에서 벗어나 걱정 근심을 하지 말라는 것이다.

잠을 너무 많이 자도 문제지만 잠이 오지 않아 불면증을 앓는 사람도 많다. 참선을 하는 데 있어서 가장 큰 장애가 잠이 오는 수마(睡魔)다. 잠은 본능적인 욕구이기 때문에 자지 않고 버틸 수는 없다. 그러나 잠이라는 것도 활동을 하기 위해 에너지를 비축하는 과정이다.

그리고 활동을 한다는 것은 내게 필요한 것을 얻으려는 욕심에서 비롯된다. 이 또한 인과의 과보를 면치 못한다. 활동을 통해 욕심을 채우면 즐겁고 기쁜 마음이 생기게 되고 반대로 얻지 못하거나 가지고 있는 것을 잃게 된다면 괴롭고 슬픈 과보가 똑같이 생긴다. 이와같이 즐겁고 괴로운 고락의 인과 업이 반복되기 마련이다. 그러므로 고락의 두 가지 인과 업을 멸해야 중도의 한량없는 마음이 되어 고통과 괴로움이 없기 때문에 참선을 하는 것이다.

참선을 하기 위해서는 최소한의 행동만 해야 한다. 잠을 자지 않고 적게 먹으며 무소유해야 하고 성행위를 하지 않으며 자신의 존재를 알리지 않는 것 등이다. 즉, 본능에 해당하는 오욕락인 수면욕, 식욕, 재산욕, 성욕, 명예욕을 최소화해 분별하지 않음으로써 고락의 인과 업을 받지 않기 위한 수행을 한다.

잠자는 것, 먹는 것, 재산을 모으는 것, 이성과 교제하는 것, 나를 알리는 것, 고락의 인과 업에 묶여 있다. 따라서 결국 좋고 나쁜 것이 인과적으로 엎치락뒤치락하는 것이므로 결코 고락이 둘이 아닌 것이다.

때문에 어떤 일에 있어서나 어떤 대상을 만나고 어떻게 살더라도 좋고 나쁜 고락 인과의 모습에 지나지 않은 것이다. 좋은 것과 나쁜 것은 결코 두 가지가 아니라 한 몸에서 나온 것임을 명심해야 한다. 따라서 성내거나 옳고 그른 시비를 할 것이 아니라 있는 그대로 받아들여야 하는 것이다.

그러니 요급상응(要急相應 재빨리 대응하고자 한다면)하여 어느 때 어느 곳에서도 순간순간 바로바로 유언불이(唯言不二 오직 둘 아님만을 말하라)해야 한다. 즉, 항상 좋다 싫다의 분별하는 감정을 갖지 말아야 한다.

바라는 마음도 내려놓고 '이렇게 해야지, 저렇게 해야지' 하는 마음도 내려놓아야 한다. '이렇게 되면 어쩌나, 저렇게 되면 어쩌나' 하는 마음도 내려놓고 '이것은 옳고, 저것은 그르다'는 마음도 내려놓고 '이익이 되는가, 손해가 되는가' 하는 마음도 내려놓아야 한다. 욕심과 분별심을 지금 당장 내려놓아 방하착해야 한다.

왜냐하면 아무리 머리를 쓰고 요령과 재주를 부린다 해
도 모두가 고락의 인과를 면치 못하는 까닭이다. 이렇게 해
도 고락의 인과에 걸리고, 저렇게 해도 고락의 인과에 걸리
기 때문이다.

모든 의심과 집착을 내려놓아 인과 인연에 맡기기만 하
면 된다. 이는 바로 부처님 법에 귀의하는 것이고, 부처님
품 안으로 들어가는 것이며, 참다운 기도와 참다운 참선이
자 진정한 보시이며 용맹한 정진이 된다.

要急相應(요급상응)
唯言不二(유언불이)
재빨리 대응하고자 한다면
오직 둘 아님만을 말하라

○
要(요)구할요 急(급)급할급 相(상)서로상 應(응)응할응
唯(유)오직유 言(언)말씀언 不(불)아닐불 二(이)두이

62

손바닥과 손등이 한 몸이듯

不二皆同
불 이 개 동
無不包容
무 불 포 용

둘이 아니고 모두가 같아서

품지 않을 수 없다

송頌 　손바닥과 손등이 한 몸이듯
　　　봄 여름 가을 겨울이 일 년이듯
　　　좋고 나쁘고 옳고 그름이 한 몸에서 나오니
　　　이를 분별 선택하지 않고
　　　모두 품어야 하리.

강설　　　　손을 손등과 손바닥으로 구분할 수는 있으나 손 하나로 보는 것과 같이, 원인과 결과의 인과를 둘로 나눌 수는 없다. 해가 뜨면 해가 지고, 낮이 오면 밤도 오고, 밀물은 썰물이 되고, 태어나면 죽고, 어린 시절은 늙은 시절을 만들고, 산을 오르면 내려와야 한다. 이 모든 현상은 하나가 생기면 다른 하나가 덩달아 생기니 이는 둘이라 할 수 없고 모두가 이와 같은 것이다.

중생, 특히 사람의 삶이란 그 누구라도 좋은 것을 모두 합한 것과 나쁜 것을 모두 합한 것은 한 치의 차이도 없이 모두 똑같다. 다만 좋은 것이 나타나는 때와 나쁜 것이 나타나는 때가 서로 다를 뿐이다. 어느 때이건 어디에 있든, 어떤 일을 하고 있으며, 어떤 생각을 하고 있는지는 아무런 상관이 없다. 좋은 마음의 업이 생길 때가 되면 좋은 일이 일어나고 나쁜 마음의 업이 생길 때가 되면 나쁜 일이 일어난다.

모든 중생은 누구나 좋은 업과 나쁜 업의 차이가 없다. 좋은 업의 마음이 작으면 나쁜 업의 마음도 작고 좋은 업의 마음이 크면 나쁜 업의 마음도 크다. 최고로 좋은 즐거움을 맛보았다면 최고로 나쁜 괴로움도 맛보게 되고 좋은 것을 맛보지 않았다면 나쁜 것도 맛보지 않게 되는 것을 인과의 과보라고 했다.

그러므로 최고로 좋은 극단의 즐거움은 최고로 나쁜 극단의 괴로움을 당하게 되는 원인이 된다. 참선수행자와 같이 좋은 것을 전혀 맛보지 않는다면 나쁜 것도 전혀 맛보지 않게 되는 것이니 이를 해탈 또는 자유자재라 했다.

부처님께서 중생을 불쌍히 여기는 것은 바로 이와 같은 인과의 과보를 받을 수밖에 없다는 점이다. 끝없는 욕망으로 말미암아 스스로 자기 자신을 고통과 괴로움 속으로 끌어들이려 하기 때문이다.

그러니 이렇게 하면 저렇게 나타나고, 이렇게 하지 않으면 저렇게도 없는 것이다. 이는 결코 둘이 아니라 같은 것이어서 이를 모두 품지 않을 수가 없다는 것이다. 따라서 선택을 해야 한다. 하나를 얻으면 하나를 잃게 되는 것을 선택하든지 아니면 하나를 얻지 않음으로써 하나를 잃지 않는 것을 선택하든지 말이다.

속이 상하는 일이 생기는 것은 매우 기쁜 때가 있었다는 인과의 증거다. 그러므로 속이 상하는 것은 외부의 문제가 아니라 바로 내 자신 스스로 가지고 있는 고락업의 인과 문제다. 그러니 외부를 탓하는 것은 누워서 침 뱉는 꼴에 지나지 않으니 항상 깨어 있어야 한다.

내가 지금 마음이 우울하여 몹시 기분이 좋지 않다면 이를 즉시 깨달아서 '언젠가 내가 기분이 매우 좋았던 때의 과보가 이제 나타났구나' 하고 생각해야 한다. 또 남에게 사기를 당하거나 도둑을 당해 기분이 몹시 나쁘고 속이 너무너무 상한다면 이 또한 '내가 과거에 남의 물건을 탐냈거나 내 것을 만들어서 기분이 몹시 좋았던 때의 과보로구나' 하고 즉시 관하고 깨달아야 한다. 그리하여 더 이상의 속상한 마음을 일으키지 말고 집착하지 않아야 한다. 이 또한 둘이 아니기 때문에 이 모든 것을 품어야 한다.

때문에 세상을 이분법으로 분별하지 말고 둘로 보지 않아야 한다. 살아가면서 즐거운 일, 기쁜 일이 있으면 괴롭고 슬픈 일 또한 생겨나게 마련이다. 이를 하나로 보고 품어야 마음이 편안해질 것이다.

不二皆同(불이개동)

無不包容(무불포용)

둘이 아니고 모두가 같아서

품지 않을 수 없다

○

不(불)아닐불 二(이)두이 皆(개)모두개 同(동)한가지동

無(무)없을무 不(불)아닐불 包(포)품을포 容(용)얼굴용

63

태어나면 반드시 죽고, 올라가면 반드시 내려온다

十方智者
시 방 지 자
皆入此宗
개 입 차 종

온 세상 지혜로운 이들은
모두 이와 같은 근본으로 들어온다

송頌 태어나면 반드시 죽으니 0,

올라가면 반드시 내려오니 0,

얻은 것은 반드시 없어지니 0,

이러쿵저러쿵 아무리 해봐도 결국은 0.

강설　시방은 동서남북 중앙의 5방과 상하를 합친 것이다. 그러니 시방 밖에 존재하는 것은 있을 수 없다. 개입차종(皆入此宗)의 종(宗)은 종교의 의미인데, 최종의 궁극적인 지혜 자리를 뜻한다.

지혜로운 사람은 이 두 가지를 모두 아는 이를 말한다. 보고 듣고 느끼는 현상들 즉, 존재하는 모든 것을 유위(有爲) 세계라고 한다. 유위란 결국 있는 것처럼 생각되나 사실은 없는 것이나 다름없는 세계를 말한다.

좋고 즐겁고 행복한 '이것'이 생기면, 나쁘고 싫고 괴롭고 불행한 '저것'도 함께 생긴다. 따라서 이것이 한 번 생기면 저것도 한 번 생기는 인과를 벗어날 길이 없다. 따지고 보면 1 빼기 1은 0이 되기 때문에 없는 것이나 다름없다.

10개의 좋은 것이 생기면 10개의 나쁜 것이 똑같이 생긴다. 삼세인과의 관점에서 본다면 좋은 감정, 좋은 일의 총합과 나쁜 감정, 나쁜 일의 총합이 똑같아 플러스 마이너스 = 0이 될 수밖에 없다. 따라서 이를 무위 또는 공, 무, 중도라고 하는 것이다.

그러므로 돈 100만원이 생겼다고 한다면 100만원 만큼의 기분이 좋아질 수 있다. 그러나 100만원은 반드시 나가게 되거나 잃게 될 수밖에 없으므로 이때의 기분은 그리 좋지 않을 수도 있다.

그러나 만약 100만원이 생겼을 때 좋고 나쁜 기분이 없다면 100만원이 설사 사라진다 해도 이때의 기분 또한 좋고 나쁨이 없을 것이다. 전자의 기분은 범인(凡人)의 기분이고, 후자의 기분은 지자(智者)의 기분이 된다.

대개의 사람들은 오래 살려고 한다. 그래서 건강에 이상이 있을까봐 노심초사하며 오래 살려고 여러 가지 애를 많이 쓴다. 물론 건강을 생각하며 음식을 가려 먹기도 하고 운동도 열심히 하는 등의 갖가지 노력을 하는 것은 좋은 일이다. 그러나 건강에 있어서 가장 중요한 것은 스트레스를 받지 않는 것이다. 스트레스는 마음에 들지 않는 것이 많을 때 나타난다. 누가 되었든 상대의 사람에 의해 생겨날 때가 많다. 하지만 반드시 생각해야 할 것은 스트레스는 결국 자신의 욕심 때문에 스스로 화를 부른 것이라는 사실이다.

시방삼세의 모든 것은 인과의 모습이라고 했다. 하나를

구하면 하나를 반드시 잃게 된다고 했다. 하나의 이익을 보기 위해서는 하나의 손해를 반드시 보게 되는 것이다.

그러니 얻으려는 욕심이 크면 클수록 마음의 병이 생길 수밖에 없다. 결국 스트레스는 스스로의 욕심이 부른 것이기 때문에 바라고 원하는 마음을 놓으면 스트레스는 사라진다.

원하는 것을 놓는다는 것은 참으로 어려운 일이다. 그러나 쥐면 쥘수록 힘이 드는 것처럼 원하면 원할수록 걱정 근심과 스트레스가 쌓이는 것은 만고불변 인과의 이치다.

이럴 때일수록 신심을 가져야 한다. 인과에 대한 굳건한 믿음이야말로 부처님과 부처님 말씀인 불법에 대한 믿음과 같다. 욕심을 놓고 성냄을 놓고 망상을 놓으면 저절로 인연 따라 이루어지게 되어 있다.

우스갯소리로 "한 대 맞고 그만 둘래", "안 맞고 그만 둘래" 하는 것처럼 집착하고 애써도 올 것은 반드시 오게 되어 있고, 집착하지 않고 애쓰지 않아도 갈 것은 저절로 가게 되어 있다.

이같이 모든 일에 있어서 결과는 모두 인과 인연에 맡기고 그저 주어진 여건 속에서 최선을 다하는 이야말로 진정한 지혜인이다. 이러한 삶이야말로 근본으로 들어오는 길이라 할 것이므로, 항상 여여하고 편안한 마음을 갖게 하는 최고의 방편이다.

十方智者(시방지자)
皆入此宗(개입차종)
온 세상 지혜로운 이들은
모두 이와 같은 근본으로 들어온다

○

十(시)열십 方(방)방향방 智(지)지혜지 者(자)놈자
皆(개)모두개 入(입)들입 此(차)이차 宗(종)근본종

64

한 생각이 곧 만년이다

宗非促延
종 비 촉 연

一念萬年
일 념 만 년

본래 자리는 급하지도 지루하지도 않아

한 생각이 곧 만년이다

송頌 너가 미우냐, 내 마음이 미운 것이다.
너가 이쁘냐, 내 마음이 이쁜 것이다.
너가 좋으냐? 내 마음이 좋은 것이다.
그러니 남 탓하지 말고,
내 마음을 먼저 고쳐라.

강설　　　종(宗)은 근본을 말하는 것으로서 '본래의 자리'라는 뜻이다. 본래의 자리는 분별하지도 않고 할 수도 없는 무념무상의 상태이다. 시간도 공간도 없으며, 문자와 언어로 표현할 수 없는 상상 그 이상의 자리를 말한다.

촉연(促延)이란 때 즉, 시간을 뜻한다. 시간이란 즐거움을 구하고 괴로움을 피하려 하는 생각에서 비롯된 산물이다. 좋고 나쁜 분별된 생각이 완전히 사라진 상태에서는 시간이란 생겨날 수도 없고 존재할 수가 없다.

따라서 단 하나라도 원하고 바라는 마음이 전혀 없고, 이것과 저것의 분별된 생각이 전혀 없다면, 급하지도 않고 지루하지도 않다. 생각 자체가 이루어지지 않는 것이기 때문에, 시간은 곧 멈춘다고 봐야 하고, 따라서 영원히 죽지 않고 사는 것이나 다름없다.

누구나 사람이 싫어지거나 미워질 때가 있다. 때로는 죽여도 시원치 않을 만큼 싫어할 때도 있다. 그 대상은 가족이 될 수도 있고 연인이 될 수도 있으며 친구나 이웃, 동료가 될 수도 있다.

싫어하고 미워하는 이유를 찾는다면 수도 없이 많다. 물론 대개는 당연히 상대방의 잘못이라고 생각할 것이다. 그런데 한 번쯤 되돌아봐야 한다. 손뼉도 마주 쳐야 소리가 난다는 말처럼 세상의 일은 100% 일방적일 수는 없기 때문이다.

이 대목에서 불자라면 꼭 알아야 할 것이 있다. 일단 상대방의 행동 때문에 싫어하고 미워하는 마음이 생긴다는 것은 엄청난 착각이다. 좋아하고 이뻐하는 마음이 있으면 당연히 싫어하고 미워하는 마음도 똑같이 생기는 것이 바로 인과의 마음이라 했다.

내가 누구를 좋아하고 이뻐하는 마음이 있었다면 그 과보로 인하여 또 누군가를 싫어하고 미워할 수밖에 없게 될 것은 당연지사다. 좋은 마음만큼 싫은 마음이 생겨나기 때문이다.

활짝 핀 꽃은 너무나 아름답고 이쁘지만 시든 꽃은 추하고 미울 수밖에 없다. 똑같은 꽃이라 할지라도 시간적인 차이에 따라 어느 때는 좋고 이쁜 마음이 생기는가 하면 어느 때는 싫고 미운 마음이 생기게 되어 있다. 이러한 인과의 마음이 생길 때, 이쁜 사람이 나타나기도 하고, 미운 사람이 나타나기도 하는데, 이를 시절 인연이라 했다.

따라서 내 마음의 좋고 이쁜 업이 생길 타이밍에 이쁜 사람이 내 마음의 아바타처럼 나타나게 된다. 미운 사람 역시 마찬가지로 내 마음의 미운 업이 생길 시간에 맞춰서 미운 사람으로 둔갑하여 내 앞에 나타나게 된다.

그러니 내 앞에 있는 나와 상대하는 사람이 본래 이쁘거나 미운 사람이 아니다. 내 마음의 이쁘고 미운 마음의 업이 생기는 그 시간에 내 마음의 아바타가 실제로 이쁘거나 미운 사람으로 내 앞에 나타나게 된다는 것이다.

부처님과 보살, 조사 스님들과 같이 마음의 분별심이 없어서 좋고 싫은, 이쁘고 미운 마음이 전혀 마음 안에 들어있지 않다면 좋고 이쁜 사람도 물론 나타날 리가 만무하다. 밉거나 싫은 사람 역시 당연히 나타나지 않는다고 봐야 한다.

내 앞에 있는 사람을 보고 이쁘거나 밉다고 하여 상대방과 시비를 일으킨다면, 이와 같은 업이 또다시 저장되어 있다가 시절 인연의 시간이 되면 똑같이 반복하여 밉고 싫은 사람이 나타나게 된다는 것을 명심해야 한다. 그러니 상대를 탓하기보다 나의 업을 탓하며 참회하여 다시는 상대를 싫어하거나 미워하는 행동을 하지 말아야 한다.

그래야 분별의 업이 점점 멸해져서 상대를 이뻐하는 마음도 놓아지고 인과의 과보로서 미워하고 싫어하는 마음도 놓아지게 된다. 상대방을 향해 미워하는 마음이 조금이라도 생긴다면 분별심이 아직 많이 남아 있다는 것이다. 따라서 참회하고 또 참회해야 한다. 기도와 참선, 보시와 정진은 바로 이때 필요하다.

宗非促延(종비촉연)
一念萬年(일념만년)
본래 자리는 급하지도 지루하지도 않아
한 생각이 곧 만년이다

○

宗(종)근본종 非(비)아닐비 促(촉)재촉할촉 延(연)끌연
一(일)한일 念(념)생각념 萬(만)일만만 年(년)해년

65

온 세상이 바로 눈앞이다

無在不在
무 재 부 재

十方目前
시 방 목 전

있거나 있지 않음이 없어

온 세상이 바로 눈앞이다

송頌 마음 안에 좋음이 있으면 좋은 것이 나타나고
마음 안에 싫음이 있으면 싫은 것이 나타난다.
내 마음 안에 있는 것은 모두 생겨나고
내 마음 안에 없는 것은 나타날 수가 없다.

강설   〈금강경(金剛經)〉에 '과거심불가득(過去心不可得) 현재심불가득(現在心不可得) 미래심불가득(未來心不可得)'이라 했다. 과거는 지나간 것이니 없고, 현재는 지금이라고 하는 즉시 이미 지나가 버렸고, 미래는 아직 오지 않았으니 없다는 말씀이다.

그럼에도 불구하고 지금 보고 느끼고 있는 것은 과연 무엇인가? 결론적으로 말하자면 지금까지 살아오면서 기억하고 느꼈던 것들이 착각으로 나타난 허상들이라 할 것이다. 이는 내 마음안에 기억된 것들이 허상으로 나타나 보이는 것인데 바꾸어 말하면 내 마음 안에 없는 것은 허상마저도 나타날 수가 없다.

좋다는 기억으로 인해 좋은 것이 나타나 보이고, 싫다는 생각이 있기 때문에 싫은 것이 나타난다. 행복하고 불행하다는 생각이 있기 때문에 행복한 일과 불행한 일이 생겨난다. 삶과 죽음에 대한 인식이 있기 때문에 사는 것을 느끼고 죽음이라는 생각으로 말미암아 죽음도 다가온다.

기쁘다는 느낌을 아니까 기쁜 것이 나타나고 슬프다는

것을 인식하므로 슬픈 것이 나타나는 것이다. 만난다는 생각이 있으므로 만나게 되고 이별이라는 것이 무엇인지를 알기 때문에 이별이 생겨난다는 말이다.

그러나 이 모든 것 또한 사라지고 없어진다. 즉, 좋은 것이든 그렇지 않은 것이든 결국은 모두 남아있지도, 존재하지도 않을 것임에도 불구하고 이것과 저것의 두 종류의 상반된 것이 마음 안에 기억되고 있기 때문에 착각의 허상일지언정 실재하는 것처럼 보이는 것이다.

모든 이는 마음속으로 잘되어야 한다고 생각을 한다. 그런데 잘되어야 한다는 생각이 일어나는 것은 잘못되는 것도 있다는 것을 알기 때문에 잘못되지 않고 잘되어야 한다는 바람이 생겨난다. 이때 이미 잘되어야 한다는 생각으로 인하여 잘되는 일이 현실로 나타나는 것처럼 보인다.

하지만 잘못되는 것에 대한 인식의 생각 또한 마음 안에 있으므로 잘못되는 것 역시 현실로 나타날 수밖에 없는 것이다. 따라서 마음 안에 없는 것은 나타나려 해도 나타날 수가 없다. 바꾸어 말하면 마음 안에 있는 기억과 느낌의 모든 것은 그대로 현실로 나타나게 되는 것이므로 이를 관념에 따른 인과라고 하는 것이다.

'좋다 나쁘다', '이것이다 저것이다'라고 하는 분별이 마음속에 있는 한 아무리 궁리하고 머리를 쓴다 해도 궁리하는 그것, 머리를 쓰는 그것, 이런 생각이든, 저런 생각이든, 그 어떤 생각이든 모두가 현실로 나타나고야 만다. 그러므로 기분 나쁜 일이 생기지 않으려면 기분 나쁜 것이 무엇인지 몰라야 한다. 싫은 사람을 만나지 않으려면 싫은 것이 무엇인지 몰라야 하며 안 좋은 일이 생기지 않으려면 안 좋은 것이 무엇인지 알지 못해야 한다.

아무리 싫은 것을 만나지 않으려 해도 싫은 것이 무엇인지 아는 이상, 피할 도리가 없다. 아프지 않으려고 애쓴다 해도 아픔이 무엇인지 아는 이상 아픔을 피할 수가 없다. 죽음을 아는 이상 죽음을 피할 도리가 없다.

그러나 설사 이를 모두 다 안다고 하더라도 그 어떤 것도 모두 사라지고 만다는 것을 여실히 알아야 한다. 무엇이든 집착하는 마음만 없다면 눈앞에 있는 세상은 허상에 불과하다는 것을 알고 있다. 마음이 불편할 리가 없다. 그냥 시방목전(十方目前)일 뿐이다.

'좋다 싫다'라고 하는 마음의 분별을 없애야 비로소 보는 것, 듣는 것, 생각하는 모든 것이 그대로 눈앞의 모습일 뿐이다. 따라서 '싫다, 괴롭다, 고통이다, 아픔이다, 밉다, 나쁘다'라고 하는 부정적인 생각이 사라져야 중도의 한량없는 평안한 마음이 될 것이다.

이와 같은 분별이 사라진 중도의 마음이 되려면 생각이나 느낌만으로는 절대 이룰 수 없다. 첫째는 기도요, 또 첫째는 참선이요, 또한 첫째는 보시이고, 나머지 첫째도 정진이다.

無在不在(무재부재)
十方目前(시방목전)
있거나 있지 않음이 없어
온 세상이 바로 눈앞이다

○

無(무)없을무 在(재)있을재 不(불)아닐불 在(재)있을재
十(시)열십 方(방)방향방 目(목)눈목 前(전)앞전

66

지극히 작은 것이 곧 큰 것과 같다

極小同大
극 소 동 대

忘絶境界
망 절 경 계

지극히 작은 것이 곧 큰 것과 같으니
상대적인 경계를 모두 잊고 끊는다

송頌　큰 것은 더 큰 것에 비해 작아지고
　　　작은 것은 더 작은 것에 비해 크다.
　　　이렇듯 분별은
　　　고민과 걱정의 원인이 되니
　　　이것도 놓고, 저것도 놓으면 걱정 끝.

강설　　　호수에 배가 떠 있다. 호수의 수위가 낮아도 배는 그대로 떠 있고 수위가 높아져도 배는 가라앉지 않고 그대로 떠 있다. 배는 감정을 뜻하고 물의 높낮이는 현상을 말한다. 즉 내가 보고 듣는 현상은 크거나 작고 좁거나 넓으며 높거나 낮다는 생각이 든다. 이와는 별개로 좋고 싫고, 즐겁고 괴로운 고락의 감정은 변화와 상관없이 생겨나게 된다는 말이다.

아무리 커도 더 큰 것에 비하면 작아지고 아무리 작아도 더 작은 것에 비하면 커지게 되는 것이 분별심이다. 무엇이 크고 무엇이 작다는 것은 상대적인 허상에 불과하다. 잘 사는 사람은 더 잘사는 사람에 비해 가난한 사람이 되고, 명예가 높은 사람은 더 높은 사람에 비해 평범한 사람이 된다.

따라서 부자가 되었든, 빈자가 되었든, 고관대작이 되었든, 평범한 사람이 되었든, 스스로 느끼는 좋고 나쁨과 즐거움과 괴로움, 기쁨과 슬픔, 행복과 불행의 차이는 없다. 위를 쳐다보거나 밑을 내려다보는 것은 누구나 똑같기 때문이다. 마치 물이 차거나 물이 빠져도 배는 그대로 떠 있는 것과 같다.

작은 것에 집착하면 큰 것을 생각하게 되니 불행해지고, 큰 것에 집착하면 더 큰 것을 생각하게 되니 또한 불행해진다. 그러므로 더 이상의 집착을 하지 않고 분수를 지켜야, 상대적인 경계를 모두 잊고 비로소 편안해진다.

몇 년 전 정부 관계자로부터 조계종 대표로 대통령과 함께 북한을 방문해 달라는 제안을 받았지만 다른 소임자에게 흔쾌히 양보했다. 만약 방북을 통해 매우 보람되고 기쁘고 즐거움을 만끽했다면 고락의 과보로 말미암아 슬프고 괴로움의 업보가 고스란히 남아 언젠가는 슬프고 괴로운 일이 반드시 나타날 것이다. 인과의 질서에 따라서 말이다. 그렇다고 가지 않는다 하여 고락의 인과가 없는 것은 아니다. 다만 가고 가지 않고의 문제를 떠나서 분별심과 고락이라는 인과에 끄달리지 않을 뿐이다.

이렇듯 문제는 무엇을 하거나 하지 않거나 또는 이것을 해야 좋고, 저것을 하면 좋지 않다라고 하는 상대적인 분별심이야말로 마음을 불편하게 만드는 요소이다. 큰 것을 생각하면 작은 것이 나타나고 작은 것을 생각하면 큰 것이 나타나게 되므로 언제나 이 둘 사이에서 고민과 걱정 근심이 생겨나는 것이다.

　그러므로 큰 것과 작은 것을 상대적으로 분별하지 말고 큰 것은 큰 것대로 작은 것은 작은 것 그대로 받아들인다면 크고 작고의 경계가 따로 있지 않기 때문에 분별에서 오는 고민과 걱정은 모두 사라진다는 사실을 알아야 한다. 지금 손해를 보면 다음에 더 큰 이익을 볼 수 있다는 생각도 하게 된다. 그러나 이런 생각마저 하지 않는 것이 좋다. 다음에는 또다시 분별하지 않으면 그뿐이기 때문이다.

　세상을 믿어야 한다. 인과를 믿어야 한다. 궁극적으로는 더 좋거나 더 나쁜 것은 있을 수 없다. 다만 분별심이 작으면 작은 괴로움이 오고 분별심이 크면 큰 괴로움이 오며, 분별심이 없으면 괴로움도 없다는 것을 명심해야 한다. 이것저것 모두를 떠나서 분별의 업을 없애려면 그냥 생각만 해서는 절대로 되지 않으니 기도와 참선, 보시와 정진으로 극복해야 한다.

極小同大(극소동대)

忘絶境界(망절경계)

지극히 작은 것이 곧 큰 것과 같으니
상대적인 경계를 모두 잊고 끊는다

○

極(극)다할극 小(소)작을소 同(동)한가지동 大(대)큰대
忘(망)잊을망 絶(절)끊을절 境(경)지경경 界(계)지경계

67

가장 큰 것이 작은 것과 같다

極大同小
극 대 동 소
不見邊表
불 견 변 표

가장 큰 것이 작은 것과 같으니

그 끝모습을 보지 못한다

송頌 인간의 관념으로는 아무것도 모르니
무엇이 처음이고,
무엇이 끝인지 알지 못하기 때문이다.
따라서 행복도 불행도 실체가 없으므로
분별과 집착을 없애면 관념을 넘어선다.

강설　　　　이 구절은 큰 것 위에 더 큰 것이 있고, 작은 것 아래 더 작은 것이 있으니, 큰 것도 끝이 없고 작은 것도 끝이 없다는 뜻이다. 이것이 인간이 생각하는 한계라 할 수 있는데 위든 아래든, 큰 것이든 작은 것이든, 그 끝을 알 수가 없으니, 아니, 끝을 알 수 없는 것이 아니라 끝이 없는 것이다.

우주의 끝을 알 수 없는 것이 아니라 끝이 있을 수가 없다는 말이다. 그러나 세상에 끝이 없다는 것이 말이 되겠는가 하겠지만 그럼에도 불구하고 끝은 없다. 인간이 만든 분별의 관념이 얼마나 허구인가를 알 수 있는 대목이다. 또 작은 먼지를 작게 부수고 부순다 해도 완전히 없어질 리 만무하다.

이를 수학적으로 계산하면, 1부터 시작하여 아무리 세어봐야 무한대이기 때문에 그 끝이 있을 수 없다. 또한 1을 쪼개고 쪼개고 또 쪼개도 0이 될 수는 없다.

여기서 생각해야 할 것은 영원한 행복도 영원한 불행도 없다는 사실이다. 행복 위에 더 큰 행복이 있고 더 큰 행복 위에 더더 큰 행복이 있다. 불행보다 더 큰 불행이 있고 더 큰 불행 위에 더더 큰 불행이 있다. 따라서 행복의 끝과 불행의 끝이 있을 수 없으니 과연 어떤 것이 행복이고 어떤 것이 불행인가를 가늠할 수가 없다.

행복보다 더 큰 행복을 찾으면 행복은 불행이 되고 불행보다 더 큰 불행이 있으면 불행은 행복이 되는 것이다. 행복이 따로 존재하고 불행이 따로 존재하는 것이 아니라 순전히 각자의 마음먹기에 따라 행불행(幸不幸)이 달라진다는 것을 알 수 있다.

이 구절의 교훈은 우주의 끝을 알 수 없듯이, 더 작은 티끌의 끝도 알 수 없듯이, 더 큰 행복도 더 큰 불행 또한 알 수 없다. 그래서 더 좋은 행복, 더 나쁜 불행을 분별하지 말고 행복도 불행도 모두 집착하지 말라는 뜻이다. 만약 돈이 생기면 기분이야 좋겠으나 '좋다' 또는 '즐겁다'라는 분별의 마음을 갖지 말아야 한다. 인연 따라 오고 가는 과정으로 보고 담담한 마음을 가져야 한다.

마찬가지로 사기를 당하거나 도둑을 맞더라도 '싫다, 나쁘다'라는 마음을 가지거나 화를 내지 말아야 한다. 이 또한 인연 따라 오고 가는 과정의 하나로 보고 담담한 마음을 가져야 한다는 것이다. 왜냐하면 춘분과 추분에는 해의 길이가 같으나 동지와 하지의 해 길이는 가장 짧고 가장 길다. 그러나 일 년을 통틀어 해 길이를 재어보면 낮과 밤의 길이가 1초도 틀리지 않고 똑같다는 사실을 알 수 있다.

이와 같이 어느 때는 들어오고 어느 때는 나가는 것이 세상의 이치다. 그럼에도 결국에는 남는 것도 모자라는 것도 없이 똑같다는 것을 알아야 한다. 그러므로 붙잡으려 해도 나갈 때가 되면 나가게 되고 나가라고 등 떠밀어도 남아 있을 것은 남아 있기 마련인 것이다.

따라서, 나가고 들어오고, 얻고 잃는 것에 대해 억지로 집착하거나 분별하지 말아야 하느니, 모든 것은 인과 인연에 맡기고, 이렇게 되면 어떡하나? 저렇게 되면 어떡하나? 하는 걱정과 집착은 기우에 지나지 않는다는 것을 하루빨리 깨달아야 한다.

그래서 마음먹기 연습을 꾸준히 해야 한다. 예를 들어 '자식이 잘되어야 한다'는 집착을 놓아야 한다. 왜냐하면 자식은 자식이 가지고 있는 업으로 살아가기 때문이다. 잘되

는 것이 돈을 많이 가진다거나 좋은 학교, 좋은 직장에 다
니는 것을 기준으로 삼아서는 안된다.

아무리 돈과 권력과 명예를 가졌다 해도 분별과 집착심
이 많으면 불행의 업이 커지게 되고 분별과 집착의 업이 없
으면 없는 만큼 편안해지기 때문이다. 문제는 마음의 집착
과 분별의 업을 어떻게 스스로 조절하느냐 하는 기술을 가
르치는 것이 자식의 행복을 위한 진정한 유산이 된다는 것
을 명심해야 한다. 그래서 기도하는 법과 참선하는 방법, 보
시하는 복록(福祿)과 정진하는 기술을 배우고 또 가르쳐야
하는 것이다.

極大同小(극대동소)
不見邊表(불견변표)
가장 큰 것이 작은 것과 같으니
그 끝모습을 보지 못한다

○
極(극)다할극 大(대)큰대 同(동)한가지동 小(소)작을소
不(불)아닐불 見(견)볼견 邊(변)가장자리변 表(표)겉표

68

있음이 곧 없음이요, 없음이 곧 있음이다

有卽是無
유 즉 시 무

無卽是有
무 즉 시 유

있음이 곧 없음이요

없음이 곧 있음이다

송頌　요령을 부려 행복을 구하면
　　　행복만큼의 불행이 닥쳐오고
　　　술수를 부려 업을 속이려 하면
　　　속인 만큼 고통의 죄과(罪過)를 받는다.

강설　　　있음은 없음이 있기 때문에 있음이요, 없음은 있음이 있기 때문에 성립된다. 있음이 없으면 없음도 없는 것이 되고, 없음이 없으면 있음이 있을 리 만무하다.

〈잡아함경〉에 '차유고피유(此有故彼有) 차무고피무(此無故彼無)'라고 했다. 즉, 이것이 있으므로 저것이 있고 이것이 없어져야 저것이 없어진다는 뜻이다. 이를 연기법 또는 인연법, 인과법이라 한다.

예를 들어 '돈이 없다'라고 한다면 돈이 있다는 것을 전제하기 때문에 없다는 뜻이 된다. 없는 것은 있는 것을 전제로 하여 없다고 하는 것이고, 있다는 것은 없다는 것이 전제가 되어야 있다는 것이 된다. 따라서 있는 것이 곧 없는 것이고, 없는 것이 곧 있는 것이 된다.

이 구절이 말하는 교훈은, 있음이 있음이 아니고, 없음이 없음이 아닌 것이다. 있다는 것은 곧 없어짐을 뜻하고 없음은 곧 있게 된다는 뜻이다. 있다고 하여 자만하지 말고, 없다고 하여 절망하지 말라는 뜻도 내포하고 있다.

'나는 지금 행복하다'는 것은 곧 행복이 있다는 말과 같다. '나는 행복하지 않다'라고 하는 것은 곧 행복은 없고 불행하다는 뜻이 된다. 이와 같이 행복은 불행에 의해 생기는 것이고, 불행은 행복에 의해 생기게 된다. 그래서 행복함으로 인해 불행이 생기고, 불행함으로 인해 행복이 생기게 되는 것이다. 이를 분별 인과라 한다.

따라서 행복을 구하면 구할수록 불행의 과보가 똑같이 생기게 되는 것이다. 행복과 불행을 분별하지 않아야 행복에 의한 불행도 생기지 않게 된다. 이런 일이 생기든 저런 일이 생기든 '좋다 나쁘다'라고 하는 분별심을 항상 경계해야 한다.

좋은 것이 있는 것은 곧 좋은 것이 없어지고 나쁜 것이 있게 되고, 나쁜 것이 있음은 곧 나쁜 것이 없어지고 좋은 것이 있다는 것이다. 따라서 좋은 것만 택할 수도 없거니와 나쁜 것 또한 머물지 않는다는 것이다.

그러므로 모든 생각과 감정 그리고 생각과 감정이 나타나는 현상들은 '유즉시무(有卽是無)요, 무즉시유(無卽是有)'이니, 탐하고 집착할 일이 어디에 있을 것인가. 점을 보거나 사주를 보는 이들이 많다. 이같은 행위를 하는 신도는 한마디로 절대 불자라고 할 수 없다. 부처님께서 말씀하신 인과법에 정면으로 배치되기 때문이다.

지금까지 수도 없이 누차 반복 설명했듯이 얄팍한 요령이나 잔머리로 요행을 바라는 것은 그만큼의 욕심을 부린 죄과로 인해 고통과 괴로움의 과보를 피할 수 없다. 세상에 공짜는 없는 것이다.

요령을 부리는 자 요령으로 망하고, 잔머리 쓰는 자 잔머리로 망하며, 공짜를 바라는 자 공짜로 망한다. 세상이나 세상을 만드는 마음 모습은 인과의 인연으로 형성되어 한 치의 오차 없이 움직이므로 인위적인 요령이나 술수로는 절대 바꿀 수가 없다.

마음에 고락의 업을 바꾸거나 없애지 않는 한 인과로 나타나는 현상을 어떤 방법으로든 바꿀 수도 없앨 수도 없다. 따라서 기도와 참선, 보시와 정진으로 마음의 업을 녹여야 나쁜 일이 생겨나지 않는다는 것을 명심하고 명심해야 한다.

有卽是無(유즉시무)

無卽是有(무즉시유)

있음이 곧 없음이요

없음이 곧 있음이다

○

有(유)있을유　卽(즉)곧즉　是(시)이시　無(무)없을무

無(무)없을무　卽(즉)곧즉　是(시)이시　有(유)있을유

69

괜한 트집으로 괴로움을 자초하지 말라

若不如此
약 불 여 차

必不須守
필 부 수 수

만약 이와 같지 않다면
반드시 지키지 말아야 한다

송송(頌)　눈앞에 보이고 들리는 것
지금 바로 이대로가 여차(如此)요, 진리이다.
모두가 인과요, 자업자득이므로
괜한 트집으로 괴로움을 자초하지 말라.

강설　　　　약간 어렵게 생각되는 구절이다. 이와 같다는 말을 잘 새겨서 정확히 알아야 한다. 곧 진리와 같고, 진리에 부합한다는 뜻이다. 그래서 진리가 아니면 지키지 말아야 한다는 말씀이다. 진리는 지금 내 눈앞에 일어나고 있는 이 자체이다. 더 따질 것도, 붙일 것도, 뺄 것도 없는 그대로인 것이고 여차(如此)하고 여시(如是)한 것이다. 지금 보고 듣고 느끼는 이 자체가 진리와 같은 것이다.

여기에 이의를 달아서 마음에 든다, 들지 않는다, 좋다 나쁘다, 옳다 그르다 하는 것은 잘못된 것이므로 이를 반드시 지키지 말라는 뜻이다. 좀 더 자세히 설명하자면 세상 모든 것은 인과 인연으로 움직인다. 모두가 원인 없는 결과는 없는 것이어서 세상과 세상을 만드는 마음의 모습이 모두 원인에 의해 그 결과가 나타나고 있는 것이다.

다만 원인을 짓는 시간과 그 결과가 나타나는 시간이 서로 다를 뿐이다. 즉, 태어나는 때의 원인과 죽음에 이르는 때의 결과가 다르다. 지혜가 없는 이들은 마냥 원인을 지어놓고도 그 결과만 가지고 마음에 들지 않는다고 불평불만을 가지기 때문에 고통과 괴로움을 스스로 만들게 된다.

그래서 일어나는 모든 현상은 지금 바로 이와 같은 것이다. 이를 차생고피생(此生故彼生) 차멸고피멸(此滅故彼滅) 즉, 이것이 생기므로 저것이 생기고, 이것이 없으면 저것도 없다고 한다. 이래도 공이요, 저래도 공으로 결국 더하고 뺄 것이 아무것도 없는 것이다.

세상에 우연이란 없다. 모두가 일어날 것이 일어날 수밖에 없는 필연의 모습이다. 불의의 사고도 우연히 일어나지 않는다. 그러나 여기서 말하는 필연이란 원인이 다른 곳에 있는 것이 아니라 나에게 있다는 사실이다.

만약 자동차 사고가 일어났다고 한다면 그 원인이 여러 가지 있을 수 있다. 내 잘못은 하나도 없이 일방적으로 당한 사고의 경우에, 분명 그 원인이 내게 있다고 할 수는 없는 것이지만 이를 단순하게 치부해서는 안된다.

중생, 특히 사람은 감정으로 살아간다. 엄밀히 말하면 업이 곧 감정이다. 병이 들어도 통증을 느끼는 감정과 아픈 기분을 느끼는 감정이 없다면 병이 든다 해도 문제 될 것이 없다. 자식을 자식으로서 생각하는 것은 남다른 감정이 오고 가기 때문에, 울고 웃으며 미묘한 감정이 애잔하게 작용한다. 만약 이러한 감정이 없다면 부모와 자식이라는 특별한 사이가 될 수도 없다.

그런데 감정이란 크게 세 가지로 작용을 한다. 즐겁고 기쁘고 행복하고 좋은 감정과 괴롭고 슬프고 불행하고 나쁜 감정, 그리고 이 두 가지 감정의 중간 감정이다. 이를 불교 유식에서는 고락사(苦樂捨)의 삼수작용(三受作用)이라 하고, 세번째 사(捨)의 중간 감정을 제외한 두 가지 감정을 고락의 업이라 한다.

문제는 좋은 감정인 낙의 감정에 의해 나쁜 감정인 고의 감정이 자동으로 생겨나게 된다는 것이다. 이를 인과의 법칙이라 하는데, 이 두 가지 감정의 질과 양은 한 치의 오차 없이 똑같기 때문에, 즐거운 만큼 괴로운 감정이 생겨나게 되는 것이다. 따라서 낙업(樂業)의 즐거운 감정이 일어날 때가 되면 좋은 일이 벌어지게 되고, 고업(苦業)의 괴로운 감정이 일어날 때가 되면 나쁜 일이 눈앞에서 나타나게 된다. 이를 시절 인연이라 한다.

그러므로 아프거나 고통스럽거나 괴로워할 때가 되면 즉, 고업이 일어날 때에 맞춰서 악연이 발생하게 된다. 이때 사고가 생기거나, 몸을 다치거나, 사랑하는 사람과 헤어지거나, 사업이 부도가 나거나, 가족에게 우환이 생기거나 등 좋지 않은 일이 발생하게 되어 고통과 괴로움을 느끼게 된다.

그러니 세상에 이런 일, 저런 일, 오만가지 일이 벌어지는 것은 모두 인과에 의한 인연의 현상이다. 따라서 이것은 잘된 것이고 저것은 잘못된 일이고, 이것은 좋고 저것은 나쁘고, 이것은 옳고 저것은 그르다고 하는 분별심이야말로 고락의 감정만 부추겨 스스로 생사고락의 업을 거듭하게 할 뿐이라는 것을 명심해야 한다.

결론적으로 세상과 세상을 만드는 마음의 모습은, 원인과 결과의 인과 작용으로서 모두가 필연이요, 고락의 시절 인연이요, 자업자득이다.

그러므로 나타나는 그대로, 있는 그대로가 진리요, 여차여시라 하겠다. 의심을 하면 할수록, 불평불만을 가지면 가질수록, 화를 내면 낼수록, 남 탓을 하면 할수록, 욕심을 내면 낼수록, 고락을 느끼면 느낄수록, 고통과 괴로움을 감내할 수밖에 없다는 사실을 깊이깊이 깨달아야 한다.

만약 그래도 이 도리를 알지 못하여 마음을 추스르고 편안하지 않다면 아무런 생각을 하지 말고 무조건 기도하기를 권한다. 기도 방법으로는 독경염불을 하거나, 절을 하거나, 염주를 돌리며 부처님 명호를 부르거나, 다라니 주력을 하거나 등이 있다. 일정한 시간과 기간을 정해 놓고 꾸준히 정진하면 효과가 나타난다. 아울러 참선과 보시, 정진을 함께 하면 금상첨화다.

若不如此(약불여차)
必不須守(필부수수)
만약 이와 같지 않다면
반드시 지키지 말아야 한다

○

若(약)만약약 不(불)아닐불 如(여)같을여 此(차)이차
必(필)반드시필 不(불)아닐불 須(수)모름지기수 守(수)지킬수

70

눈과 귀는 서로 다투지 않는다

一卽一切
일 즉 일 체
一切卽一
일 체 즉 일

하나가 곧 모두요

모두가 곧 하나이다

송頌   한 몸인 귀와 눈이 서로 싸우지 않고

팔과 다리가 서로 다투지 않듯이

나는 눈과 팔이 되고,

너는 귀와 다리가 되니

시비 분별은 서로가 고통이다.

강설 　　　사람을 셀 때 한 사람 두 사람이라고 센다. 한 사람이라 하면 몸 하나를 가리킨다. 몸에는 수십억 개의 세포가 있고, 눈, 귀, 코, 혀, 몸, 머리 등이 하는 수많은 기능들이 있다. 하나의 몸에 모두가 담겨 연결되어 있음에도 이를 한 사람이라 칭하니 일즉일체(一卽一切)요 일체즉일(一切卽一)이다.

여러 사람이 모여 한 가족이 되고, 한 가족이 모여 한 마을을 이루고, 한 마을이 모여 한 사회를 이룬다. 한 사회가 모여 한 국가가 되고, 한 국가가 모여 오대양 육대주가 되고, 하나의 지구를 이룬다. 지구와 같은 행성들이 모여 태양계와 같은 우주의 한 구성원이 되고, 또 여러 은하계가 모여 하나의 우주를 이루고 있다. 이와 같이 하나가 곧 모두를 이루고 모두가 모여 하나를 이루게 된다.

이 구절에서 말하고자 하는 것은 결국 하나의 개체가 하나하나 따로따로 탄생하는 것이 아니라 모두가 모인 가운데 서로서로 영향을 주고받으면서 하나가 생겨나는 것이므로 우주 안에 있는 모든 것이 나와 별개일 수 없다는 뜻이다. 따라서 크게 보면 하나의 몸 안에 눈과 귀가 따로일 수 없고, 코와 입이 따로일 수 없듯이 가족 간에도, 이웃 간에도 사회나 국가 간에도, 지구와 우주 간에도 서로 따로일 수 없는 것이다.

눈과 귀가 서로 싸우지 않고, 코와 입이 서로 싸우지 않듯이 나와 너, 가족 간, 이웃 간, 국가 간, 우주 간에도 서로 싸우거나 충돌하는 것은 이치에도 전혀 맞지 않다. 뿐만 아니라 이치에 맞지 않으므로 고통과 괴로움이 생기는 것이다.

때문에 남의 탓을 하거나 서로가 시비 다툼을 하고 하물며 피 흘리는 전쟁을 하는 것은 하나의 몸 안에 있는 오른손과 왼손이 다투는 것과 같고 머리와 다리가 서로 싸우는 꼴과 다름 아닌 것이다. 이 얼마나 모순되는 일인가.

인과의 법칙을 알고, 공의 이치를 알고, 지금 내 앞의 모습은, 내 마음의 모습이 그대로 드러나 육식으로 비춰진다는 것도 알고 있다. 육근으로 감지되는 현상들이 모두가 여몽환포영(如夢幻泡影) 여로역여전(如露亦如電)이라는 것도 알고 있다. 또 집착하면 안된다는 것도 알고 있다.

설사 남들이 내게 몹쓸 짓을 하여 발가벗겨진다 해도 내 마음에 거리낌과 감정에 걸림이 없다. 고락과 시비의 분별심이 없는 한, 무엇이 대수이고 무엇이 문제라는 말인가. 있는 그대로가 진리이고 여시 여차이며 산은 산이요 물은 물이기 때문이다.

만약 이를 보고 불편한 마음을 가진 제3자가 있다면, 이는 당연히 제3자 자신의 불편한 업에 의한 것이므로, 순전히 제3자의 몫이다. 물론 아무렇지 않은 나는 당연히 나의 편안한 업이 작동하는 것이다.

내일도 할 일이 많다. 잘해야겠다는 생각은 하지 마라. 함정이다. 잘해야겠다는 마음을 가지는 순간 이미 잘못을 저지르는 것이 생기고 만다. 아무리 잘해도 더 잘하는 것에 비해서는 잘못이 되고 있기 때문에 잘한다는 것 자체가 이미 성립하지 않는다.

일이 있으면 그냥 하면 된다. 잘해야 한다, 잘못하면 안 된다는 생각 자체가 벌써 분별을 하고 있는 것이기 때문이다. 잘잘못의 분별심을 그때그때 놓고 놓으면 잘하고 잘못하는 마음 모두가 발붙일 수 없기 때문에 행동 하나하나가 중도행이요, 보살행이 된다. 고락의 기분 감정이 일어나지 않기 때문에 편안하다.

위에서도 말했듯이 이를 보는 제3자가 잘잘못을 따진다면, 이는 순전히 제3자 자신의 몫이고 업이며, 고락의 기분 감정 또한 자신이 만드는 것이다. 마음 조절이 잘되지 않고 감정 조절이 힘들다 생각하는 이는, 기도의 힘을 빌려야 한다. 욕심에 의해 억지로 기분을 좋게 하려 하거나 밖의 힘으로 행복하려고 움직이는 것은 인과의 업에 걸릴 수밖에 없다. 이러한 분별을 없애기 위해서는 기도와 참선, 보시와 정진밖에는 없다.

一卽一切(일즉일체)
一切卽一(일체즉일)
하나가 곧 모두요
모두가 곧 하나이다

○
一(일)한일 卽(즉)곧즉 一(일)한일 切(체)온통체
一(일)한일 切(체)온통체 卽(즉)곧즉 一(일)한일

71

있는 그대로가 편안함이다

但能如是
단 능 여 시

何慮不畢
하 려 불 필

다만 능히 이와 같다면
어찌 마무리하지 못할까 걱정하겠는가

송頌   이것을 선택하든 저것을 선택하든
결과는 똑같다.
고락의 인과는
더도 덜도 아니기 때문이다.
문제는 선택하거나 선택한 후
미련과 집착이 없다면
여차(如此) 여시(如是)
즉, 있는 그대로 평안함이라.

강설   지난 구절에 '약불여차(若不如此) 만약 이와 같지 않다면'의 여차(如此)와 이번 구절의 여시(如是)는 같은 말이다. 여차와 여시의 뜻인 '이와 같음'이란, 내 눈앞에 있는 현실 그대로를 말한다. 이는 진리 그 자체라고 했다.

나타나는 모든 것은 바로 원인에 의한 결과이기 때문에 더도 덜도 잘못된 것이 하나도 없다. 나타나는 것은 모두 필연적인 것이므로 이것이야말로 진정한 과학이다. 과학은 한 치 오차 없는 것을 밝히는 학문이기 때문이다. 과학 이론 중에 아인쉬타인이 발견한 상대성 원리가 있다. 이는 석가모니 부처님께서 말씀하신 인과의 내용과 흡사하다.

차유고피유(此有故彼有) 즉, 이것이 있으므로 저것이 있고, 차멸고피멸(此滅故彼滅) 즉, 이것이 없어져야 저것도 없어진다는 뜻이다. 차유고피유는 차안(此岸)이고 차멸고피멸은 피안(彼岸)을 말한다.

우리가 사는 사바세계는 차유고피유의 차안이다. 차안은 작은 것을 얻으면 작게 잃게 되고, 큰 것을 얻으면 크게 잃게 되는 세계이다.

결국 하나를 집착하여 가지면 하나를 잃게 되고, 만 개를 집착하여 가지게 되면 만 개를 잃게 되는 세계이다. 과연 나는 어느 만큼의 욕심과 집착으로 무엇을 얼마나 가지고 있을까?

즉, 즐겁고 행복한 것을 열 개 가졌다면 괴롭고 불행한 것도 열 개 가지게 되는 것이 고락의 인과라 했다. 어느 때는 즐거운 낙업이 나타나고, 그 과보로 인해 어느 때는 괴로운 고업이 나타나게 된다. 마음속의 아뢰야식(阿賴耶識)으로 말미암아 고락의 업이 현실로 나타나는 것이다.

이와 같이 당연히 나타나는 인과에 대해 시시비비한다는 것은 그림자를 보고 시비하는 바보와 무엇이 다르다 할 수 있겠는가. 그러므로 지금 내게 나타난 현실은 내 마음의 그림자이니, 나의 모습에 불평불만을 갖고 시시비비하는 것은 더욱 안될 것이다.

나타나는 이대로가 여차요 여시요, 진리요, 그러함에 더 이상의 그 무엇이 아니니, 보고 듣는대로 마무리를 짓고, 있는 그대로 받아들여야 할 것이다.

풍선효과라는 것이 있다. 한쪽을 누르면 다른 한쪽이 필연적으로 튀어나오게 된다. 살다 보면 어느 때는 눌러야 할 때가 있고, 어느 때는 불려야 할 때가 있다. 그러나 마음의 모습과 세상의 이치란, 풍선효과와 같이 한쪽만을 마음대로 움직인다는 것은 불가능하다.

이때 이쪽을 눌렀는데 다른 쪽이 불거진다고 하여 불평과 불만을 가진다면 스스로 속임을 당하여 괴로움을 자처하게 되는 일이다. 이쪽을 누르면 다른 쪽에서 불거져 나오는 것은 너무나 당연한 것임을 알아야 한다. 여차 여시 즉, 이와 같음을 인정한다면 그것으로써 왈가왈부를 그쳐야 한다.

일을 하다 보면 선택의 기로에 설 때가 많다. 분명 이렇게 하고 싶은데 이 눈치, 저 눈치 보지 않을 수 없어서 마음에도 없는 것을 선택할 때가 있다.

이때는 용기가 필요하다. 고락의 인과를 철저히 믿어야 한다. 그러나 이것을 선택하든 저것을 선택하든 결과는 똑같다. 왜냐하면 지금은 비록 잘못된 선택이 될지 몰라도 모든 일은 새옹지마와 같이 고락의 인과는 같은 것이어서 결과적으로 전체를 보면 잘된 일도 잘못된 일도 아닌 것이다.

문제는 이것을 선택하든 저것을 선택하든 풍선효과와 같은 인과의 현상을 바로 보고, 이와 같은 고락인과의 이치를 믿고 마음을 놓아서 있는 그대로 보고 받아들이기만 한다면 고민과 걱정을 할 이유가 없다.

따라서 결과적으로 차안에서는 어차피 인과 인연으로 생멸을 거듭할 것이기 때문에 선택의 여지가 없다. 이것이든 저것이든 고락에 의해 결과가 같다는 것을 믿고 그때그때 번뇌 망상을 놓고 또 놓고 놓아야 한다. 이때 비로소 피안의 마음이 되어 인과에 걸리지 않는 공한 마음으로 평안해질 것이다. 이를 이해하지 못하고 아직도 순간순간 마음이 어지럽다면 매일매일 기도로 극복하라. 그리고 잠시 눈을 감고 아무 생각 없이 참선을 해보라. 또 무엇이든 보시하라. 보시는 따분한 마음에 새로운 전기를 마련해 줄 것이다. 그리고 이를 잊지 말고 계속 정진하라.

但能如是(단능여시)
何慮不畢(하려불필)
다만 능히 이와 같다면
어찌 마무리하지 못할까 걱정하겠는가

○

但(단)다만단 能(능)능할능 如(여)같을여 是(시)이시
何(하)어찌하 慮(려)생각할려 不(불)아닐불 畢(필)다할필

72

끄달리면 고통이요, 받아들이면 안락이다

信心不二
신 심 불 이

不二信心
불 이 신 심

부처님을 믿는 마음은 둘이 아니고
둘 아님이 부처님을 믿는 마음이다

송頌   세상 사람은 두 부류가 있습니다.
하나는 인과에 끄달려 사는 사람이고
또 하나는 인과를 받아들이는 사람입니다.
끄달리면 고통이요
받아들이면 안락입니다.

강설   신심은 부처님을 믿는 마음이다. 그러나 부처님을 무작정 믿는다는 것은 아무런 의미가 없다. 그렇게 해서는 무엇 하나 해결되는 것도 없다. 진정으로 부처님을 믿는 마음은 부처님의 말씀을 충분하게 이해하여 믿어야 하고, 부처님의 말씀 따라 살아가야 한다. 부처님의 말씀이 곧 법이고 이 법을 진실하게 믿는 마음을 신심이라 한다.

그렇다면 부처님의 말씀 즉, 법이란 무엇일까? 한마디로 말하자면 생각과 감정 가운데 한가지라도 마음을 내는 즉시 두 가지 마음이 생기는데 이를 분별심이라 한다. 또 분별심은 차안(此岸)의 사바세계 일체 모습을 만들어 낸다.

부처님을 생각하면 중생이 생기고, 극락을 생각하면 지옥이 생긴다. 아름다운 모습은 추한 모습을, 좋은 것을 구하면 나쁜 것도 구해지고, 기쁨은 슬픔을, 행복은 불행을, 짜릿함은 통증을, 맛있는 것은 맛없는 것을 생기게 한다. 얻음은 잃음을, 한때 잘살면 한때 못살고, 성공은 실패를 등 인과는 두 가지 과보를 동시에 생기게 한다.

이렇게 분별된 마음으로 그중에 마음에 드는 한 가지만

을 취하려 하거나, 다른 한 가지를 싫어하고 배척한다면 이
는 이율배반으로서 부처님을 믿는 마음이 아니기 때문에
결코 신심이라 할 수 없다.

그리고 차안의 세상은 모두가 허상이기 때문에 결국 공
으로 돌아간다. 그 어느 것도 아무런 의미도 없고, 따라서
아무런 소용도 없다. 노력을 많이 하고 애를 써서 사업에 성
공을 했다 하자. 고생한 만큼의 대가로 인해 행복감이 충만
할 수 있을 것이다. 그런데 그 행복한 마음이 계속 이어질
수 있을까?

사업이 잘되고 안되고는 하나의 허상에 불과하다. 실제
는 자기가 가지고 있는 고락의 업이 인과적으로 언제 나타
나는가 하는 것이다. 낙업이 나타날 때가 되면 사업의 성공
을 통해서 즐겁고 기쁘고 행복해지는 것이다.

그러나 그 다음에는 낙업이 나타난 인과의 과보로 인해,
즐긴 만큼의 괴로운 고업이 나타나게 되어 있으니, 언제 어
디서 어떤 식으로든 괴롭고 슬프고 불행한 일이 생기게 된
다. 만약 전쟁이 나거나 자연재해가 발생하거나, '9·11사건'
과 같은 대형사고가 발생하여 많은 사람들이 고통을 받게

된다면 이는 고통받는 한 사람 한 사람의 고업이 동시에 나타난 것이다. 고업들이 모여 공업(共業)을 이룬다.

반대로 평화가 도래하여 많은 사람들이 동시에 기쁨과 즐거움, 행복을 느낀다면 이 또한 한 사람 한 사람의 낙업이 동시에 나타난 것이다. 낙업이 모여 공업을 이룬 것이다. 실제 현상적으로 부딪침이 전혀 없어도 고락의 업을 느낀다. 아무런 상대나 행동 없이 혼자 가만히 앉아만 있더라도 어느 순간 낙업이 생겨날 시간에는 마음이 즐겁고 행복한 느낌을 가진다. 반대로 어느 순간 고업이 생겨나는 시간에는 마음이 매우 고통스럽거나 괴롭고 불행을 느낀다.

즐겁고 괴로운 고락의 업은 마음 바깥의 영향 때문이 아니라, 순전히 자신의 업에서 나온다는 사실을 알아야 한다. 부처님은 바로 이 내용을 말씀하셨으니 인과법이다. 그러니 마음 바깥에서 일어나는 일들은 필연이요, 여차 여시라 했다. 일어날 것이 일어나고 나타날 것이 나타나는 것이다. 그러나 실제로는 아무 문제가 없다. 그리고 일체의 현상은 물거품처럼 사라지는 공성(空性)에 지나지 않는다.

문제는 이같은 경계를 보는 내 마음의 업이 문제다. 바깥 경계는 나의 고락 업에 의해 만들어지는 것임에도 불구하고 내가 만든 업에 나 스스로가 또다시 끄달려 고락과 시비의 업을 짓고 악순환을 거듭하고 있다. 이 얼마나 허망하고 안타까운 일인가!

오늘도 종단에 여러 가지 복잡한 일들이 일어났다. 이것이 옳고, 저것이 그르다는 시시비비의 의견들이 난무하다. 어떻게 하면 문제를 풀 수 있을 것인가에 모두가 촉각을 곤두세우고 있다.

그러나 이 모든 현상은 인과의 모습으로서, 시절 인연이 도래하여 필연적으로 나타나는 현상들이다. 그러므로 이러한 함정에 빠지면 안된다. 물론 이해 당사자들에게는 큰일들이 아닐 수 없으나, 각자의 업에 의해 나타나는 공업일 뿐이다.

누차 얘기했듯이, 어떤 사안이 발생했다면, 초연한 마음으로 고락과 시비의 두 마음을 가져서는 안된다. 아무리 큰 사건이라도 있는 그대로 봐야 한다. 복잡하고 불편한 마음을 가지는 이유는 이 사건이 복잡하여 오는 것이 아니라, 내 마음의 고업이 나타날 시간이 되어 복잡한 일로 생각되는 것이다.

세상에 일이 풀리고 안 풀리고는 실제로 풀리고 안 풀리는 것이 아니라, 내 마음의 업이 풀리고 안 풀리고 하는 것이다. 나 스스로 시비 분별의 마음을 갖지 않으면, 풀리고 안 풀리고의 두 가지 분별 자체가 없다.

인과 인연 따라 흘러갈 것이다. 억지로 마음을 먹어서는 안된다. 설사 무진 애를 써서 내가 원하는 대로 되어 마음이 기뻤다고 한다면 기쁜 마음의 과보로 인해 그만큼의 슬픈 일을 겪어야 한다. 그렇기에 그냥 그대로 받아들이면 된다. 이렇게 하든 저렇게 하든 아무 상관이 없다.

이같은 마음을 갖는 것이 부처님 법을 제대로 믿는 신심이다. 세상이 무너져도 내 마음의 고업이 없으면 고통과 괴로움이 없다. 반대로 세상 모두가 평화롭다 해도 내 마음의 고업이 발생하게 되면 괴로움을 면할 수 없다.

그래서 어떤 경우든 고락 시비의 두 마음 즉, 분별심을 가져서는 안된다. 신심이 없으면 그냥 팔자대로 살 수밖에 없다. 고통과 괴로움을 스스로 짓고 스스로 받을 수밖에 없기 때문이다. 기도와 참선, 보시와 정진은 신심을 키우는 부모와 같다.

信心不二(신심불이)
不二信心(불이신심)
부처님을 믿는 마음은 둘이 아니고
둘 아님이 부처님을 믿는 마음이다

○

信(신)믿을신　心(심)마음심　不(불)아닐불　二(이)둘이
不(불)아닐불　二(이)둘이　信(신)믿을신　心(심)마음심

73

분별하는 마음의 업을 바꿔라

言語道斷
언 어 도 단

非去來今
비 거 래 금

언어의 길이 끊어지니

과거도 미래도 현재도 아니로다

송頌   언제 어디서 무엇을 하든
고락인과의 과보 틀을
피할 수 없으니
무엇을 어떻게 할 것인가가 문제가 아니라
분별하는 마음의 업을 바꿔야 하리.

언어도단이란 말로서는 도저히 표현할 길이 없고 생각으로 짐작할 수도 없음을 말한다. 또 심행처멸(心行處滅)이란 마음의 작용이 전혀 미칠 수 없는 절대 경지를 말하는데, 분별심이 끊어진 상태를 뜻한다.

말을 하기 위해서는 생각이 바탕 되어야 한다. 생각은 과거의 기억이 있어야 하는데 그냥 기억만 하는 것이 아니라 감정이 따라붙게 된다. 기억은 좋은 기억과 좋지 않은 기억으로 분별된다. 아무 감정 없이 그냥 생각만 하기란 거의 불가능하다. 또한 감정이 붙지 않으면 굳이 생각할 필요도 없다. 좋거나 나쁘거나 고락의 감정이 없다면 생각을 하거나 하지 않거나 아무 의미가 없기 때문이다.

좋은 것을 취하려 욕심이 생기고 그 욕심 때문에 원인과 결과의 인과가 생긴다. 원인을 짓는 때가 있으므로 결과가 나타나는 때가 있어야 하기 때문에 과거와 현재, 미래의 시간이 생기는 것이다.

언어의 길이 끊어진다는 것은 보통의 사람으로서는 거의 불가능하다. 언어는 생각을 먼저 한 후에 그 생각을 전달하는 수단이다. 아무래도 감정이 실리지 않을 수 없다. 감정은 고락의 업으로 즐거운 원인과 괴로운 결과의 인과로 이루어지기 때문에 생사고락을 거듭할 수밖에 없으니 괴로움을 피할 길이 없다.

언어의 길이 끊어진다는 것은 생각을 우선 멈춰야 한다는 것이다. 정확히 말하면 생각을 하되 고락의 감정을 전혀 얹지 말아야 한다. 감정을 얹지 않으면 과거와 현재 미래의 시간이 전혀 의미가 없다.

설사 병이 들었다 해도 괴로움의 감정이 없다면 전혀 문제 될 것이 없다. 죽음도 마찬가지다. 죽음에 이른다고 하더라도 죽음에 대한 괴로움과 슬픔의 감정이 없으면 죽어도 아무런 상관이 없을 것이다.

과거 현재 미래라는 삼세의 시간은 곧 고락의 인과에 의해 생긴다. 고락의 감정이 전혀 없다면 과거 현재 미래의 시간도 아무 의미가 없다. 따라서 생사와 생멸이 문제 되지 않는다.

깨달음을 얻으면 감정의 업이 완전히 사라진다. 살다가 늙고 병들고 죽는 생로병사는 그냥 생로병사할 뿐 생로병사에 의한 고통과 괴로움이 전혀 없다. 드디어 아라한과 보살, 부처의 경지에 다다른 것이다.

수행자는 바로 이를 위해 뼈를 깎는 고통을 감내하는 것이다. 생각만으로는 절대 이룰 수 없다. 행주좌와(行住坐臥) 어묵동정(語默動情)에 있어서 고락의 분별 감정이 일어나지 않아야 하기 때문에 염불, 기도, 참선, 보시, 정진을 통해 몸과 마음에 녹아있는 고락의 업을 바꿔나가야 한다.

일반적인 삶을 살아가는 사람들은 고락 인과의 윤회를 계속하며 살아갈 수밖에 없다. 고락 시비의 분별심을 가지는 만큼, 고락 인과의 과보를 받으며 살아가게 되는 것이다. 이렇게 살든 저렇게 살든 고락 인과 속에서 달라질 것은 아무것도 없다.

살다보면 즐겁고 기쁘고 행복할 때가 있을 것이다. 또 괴롭고 슬프고 불행할 때 역시 있을 것이다. 속상할 때도 있을 것이고, 고통스러울 때도 있을 것이며, 아플 때도 있을 것이다. 옳고 그름에 대해 시비할 때도 있을 것이다. 그리고 늙고 병들어 죽어야 할 것이다. 모두가 그런 것이다. 아무리 발버둥 처봤자 인과의 틀 안에서 꼼짝없이 살아갈 수밖에 없다. 바로 탐진치 삼독심 때문이다. 그리고 결국 모두 공으로 돌아간다.

그러므로 이와 같이 인과 윤회를 거듭하지 않고 언어도단의 세계에서 시간과 공간을 초월하여 영원히 평안하려면 마음을 깨쳐야 한다. 그리고 수행해야 한다. 가장 기초적인 방법이 기도와 참선, 보시와 정진이다.

言語道斷(언어도단)
非去來今(비거래금)
언어의 길이 끊어지니
과거도 미래도 현재도 아니로다

○

言(언)말씀언 語(어)말씀어 道(도)길도 斷(단)끊을단
非(비)아닐비 去(거)갈거 來(래)올래 今(금)이제금

부록

───

신심명 원문 및 해석

───

신심명 전문
信心銘 全文

1 　至道無難(지도무난)
　　唯嫌揀擇(유혐간택)
　　깨달음은 어렵지 않으니
　　오직 분별함을 싫어할 뿐이다

2 　但莫憎愛(단막증애)
　　洞然明白(통연명백)
　　다만 미움과 사랑을 그치면
　　명백하고 당연히 통하리라

3 　毫釐有差(호리유차)
　　天地懸隔(천지현격)
　　털끝만큼 차이가 있으면
　　하늘과 땅만큼 간격이 벌어진다

4 　欲得現前(욕득현전)
　　莫存順逆(막존순역)
　　도가 앞에 나타나기를 바란다면
　　따라가지 말고 거스르지도 말라

5   違順相爭(위순상쟁)
     是爲心病(시위심병)
     거스름과 따라감이 서로 다투는 것
     이것이 마음의 병이다

6   不識玄旨(불식현지)
     徒勞念靜(도로염정)
     현묘한 뜻은 알지 못하고
     공연히 생각만 고요히 하려고 애쓴다

7   圓同太虛(원동태허)
     無欠無餘(무흠무여)
     둥글기가 큰 허공과 같아서
     모자람도 없고 남음도 없다

8   良由取捨(양유취사)
     所以不如(소이불여)
     취하고 버리는 것을 좋아하는 까닭에
     마음이 한결같지 않게 된다

9   莫逐有緣(막축유연)
     勿住空忍(물주공인)
     인연을 좇아 가지도 말고
     빈 마음에도 머물지 말라

10   一種平懷(일종평회)
      泯然自盡(민연자진)
      한결같은 마음을 지니면
      분별하는 모습이 저절로 다하리라

11   止動歸止(지동귀지)
      止更彌動(지갱미동)
      움직임을 그치면 본래의 자리로 돌아가고
      진정한 멈춤에서 다시 아미타가 움직인다

12   唯滯兩邊(유체양변)
      寧知一種(영지일종)
      오직 양쪽에 머물러 있다면
      어찌 한결같음을 알겠는가

13   一種不通(일종불통)
      兩處失功(양처실공)
      일종에 통하지 못하면
      양쪽의 공덕을 다 잃으리라

14   遣有沒有(견유몰유)
      從空背空(종공배공)
      있음을 버리려 하면 있음에 빠지고
      공을 따르려 하면 공을 등지게 된다

15 多言多慮(다언다려)
轉不相應(전불상응)
말이 많고 생각이 많으면
서로 응하지 못하게 된다

16 絶言絶慮(절언절려)
無處不通(무처불통)
말과 생각이 끊어지면
어느 곳인들 통하지 않으리오

17 歸根得旨(귀근득지)
隨照失宗(수조실종)
근본으로 돌아가면 뜻을 얻고
비추임을 따르면 근본을 잃는다

18 須臾返照(수유반조)
勝脚前空(승각전공)
모름지기 잠깐이라도 돌이켜 비춰보는 것이
세상의 공함을 아는 것보다 수승히 앞선다

19 前空轉變(전공전변)
皆由妄見(개유망견)
공을 앞에 두고도 경계(분별)를 따라 흘러감은
모두가 허망한 견해 때문이라

20　不用求眞(불용구진)
　　唯須息見(유수식견)
　　진리를 구하려 애쓰지 말고
　　오직 분별된 소견을 쉬게 하라

21　二見不住(이견부주)
　　愼莫追尋(신막추심)
　　둘로 보는 견해에 머물지 말고
　　삼가 좇아가 찾지 말라

22　纔有是非(재유시비)
　　紛然失心(분연실심)
　　겨우 옳으니 그르니 따지기만 한다면
　　본래 마음을 잃고 어지러워지리니…

23　二由一有(이유일유)
　　一亦莫守(일역막수)
　　둘은 하나로 말미암아 둘이 되니
　　하나 역시 지키지 말라

24　一心不生(일심불생)
　　萬法無咎(만법무구)
　　한 마음이 나지 않으면
　　만 가지 일에 허물이 없다

25 無咎無法(무구무법)
不生不心(불생불심)
허물이 없으면 연기법도 없고
생기지 않으면 마음도 없다

26 能隨境滅(능수경멸)
境逐能沈(경축능침)
능(能)은 경(境)을 따라 소멸되고
경(境)은 능(能)을 따라 침몰한다

27 境由能境(경유능경)
能由境能(능유경능)
객관은 주관으로 말미암아 객관이요
주관은 객관으로 말미암아 주관이다

28 欲知兩段(욕지양단)
元是一空(원시일공)
두 끝을 알고자 하는가
원래 하나의 공이다

29 一空同兩(일공동양)
齊含萬象(제함만상)
하나의 공이 두 끝과 같으니
삼라만상을 모두 머금는다

30   不見精麤(불견정추)
       寧有偏黨(영유편당)
       세밀하고 거친 것을 나누어 보지 않는다면
       어찌 치우침이 있겠는가

31   大道體寬(대도체관)
       無易無難(무이무난)
       대도는 바탕이 너그러워서
       쉬움도 없고 어려움도 없다

32   小見狐疑(소견호의)
       轉急轉遲(전급전지)
       좁은 견해로 여우같이 의심하면
       급하게 서두를수록 더욱 늦어진다

33   執之失度(집지실도)
       必入邪路(필입사로)
       집착하면 법도를 잃고서
       반드시 삿된 길로 들어간다

34   放之自然(방지자연)
       體無去住(체무거주)
       놓아버리면 본래 그러하니
       본래 본바탕에는 가거나 머무름이 없다

35　任性合道(임성합도)
　　逍遙絶惱(소요절뇌)
　　도와 함께하면 본성에 임하므로
　　번뇌가 끊어져 한가롭게 노닌다

36　繫念乖眞(계념괴진)
　　昏沈不好(혼침불호)
　　생각에 매달리면 참됨과 어긋나니
　　어둠에 빠져서 좋지 않다

37　不好勞神(불호노신)
　　何用疎親(하용소친)
　　정신이 힘든 것을 좋아하지 않는다면
　　어찌 멀리하거나 가까이할 필요가 있을까

38　欲趣一乘(욕취일승)
　　勿惡六塵(물오육진)
　　한 수레를 얻고자 하거든
　　육진경계를 싫어하지 말라

39　六塵不惡(육진불오)
　　還同正覺(환동정각)
　　육진을 싫어하지 않으면
　　도리어 정각과 같음이라

40 智者無爲(지자무위)
愚人自縛(우인자박)
지혜로운 이는 분별치 않아 따로 할 일이 없으나
어리석은 사람은 스스로를 얽어맨다

41 法無異法(법무이법)
妄自愛着(망자애착)
법에는 다른 법이 없는데
허망하게 스스로 좋아하고 집착한다

42 將心用心(장심용심)
豈非大錯(기비대착)
마음을 가지고서 마음을 찾으니
어찌 커다란 잘못이 아니랴

43 迷生寂亂(미생적란)
悟無好惡(오무호오)
미혹하면 고요함과 시끄러움이 생기지만
마음을 깨치면 좋고 나쁨이 없다

44 一切二邊(일체이변)
良由斟酌(양유짐작)
모든 두 가지 경계는
헤아려 짐작하기 때문에 생긴다

45 夢幻空華(몽환공화)
何勞把捉(하로파착)
꿈같고 허깨비 같고 헛꽃 같은데
어찌 애써서 잡으려 하는가

46 得失是非(득실시비)
一時放却(일시방각)
얻고 잃음과 옳고 그름을
한순간에 놓아버려라

47 眼若不睡(안약불수)
諸夢自除(제몽자제)
눈이 잠들지 않으면
모든 꿈은 저절로 사라진다

48 心若不異(심약불이)
萬法一如(만법일여)
마음이 만약 다르지 않으면
만 가지 법이 한결같다

49 一如體玄(일여체현)
兀爾忘緣(올이망연)
체성의 바탕은 한결같이 현묘하니
이와 같이 우뚝하여 차별 인연을 잊는다

50 　萬法齊觀(만법제관)
　　歸復自然(귀복자연)
　　만법을 평등하게 본다면
　　본래 그러함으로 되돌아간다

51 　泯其所以(민기소이)
　　不可方比(불가방비)
　　그 원인 되는 바를 없애면
　　견주어 비교할 수 없다

52 　止動無動(지동무동)
　　動止無止(동지무지)
　　그침에서 움직이니 움직임이 따로 없고
　　움직임에서 그치니 그침이 따로 없다

53 　兩旣不成(양기불성)
　　一何有爾(일하유이)
　　둘이 이미 이루어지지 못하는데
　　하나가 어찌 이루어지겠는가

54 　究竟窮極(구경궁극)
　　不存軌則(불존궤칙)
　　마지막 궁극에는
　　맞춤과 법칙이 존재하지 않는다

55 契心平等(계심평등)
　所作俱息(소작구식)
　근본 마음과 계합하면 평등하므로
　하는 일마다 힘이 들지 않게 된다

56 狐疑淨盡(호의정진)
　正信調直(정신조직)
　여우 같은 의심이 깨끗이 사라지면
　바른 믿음이 올바로 곧아진다

57 一切不留(일체불유)
　無可記憶(무가기억)
　모든 것에 머물지 않으니
　기억할 만한 것이 없다

58 虛明自照(허명자조)
　不勞心力(불노심력)
　텅 비고 밝아 저절로 비추니
　애써 마음을 힘들게 하지 않는다

59 非思量處(비사량처)
　識情難測(식정난측)
　생각으로 헤아릴 곳이 아니니
　아는 것과 감정으로 측량키 어렵다

60　眞如法界(진여법계)
　　無他無自(무타무자)
　　법의 세계는 진실하고 여여하니
　　남도 없고 나도 없다

61　要急相應(요급상응)
　　唯言不二(유언불이)
　　재빨리 대응하고자 한다면
　　오직 둘 아님만을 말하라

62　不二皆同(불이개동)
　　無不包容(무불포용)
　　둘이 아니고 모두가 같아서
　　품지 않을 수 없다

63　十方智者(시방지자)
　　皆入此宗(개입차종)
　　온 세상 지혜로운 이들은
　　모두 이와 같은 근본으로 들어온다

64　宗非促延(종비촉연)
　　一念萬年(일념만년)
　　본래 자리는 급하지도 지루하지도 않아
　　한 생각이 곧 만년이다

65 無在不在(무재부재)
    十方目前(시방목전)
    있거나 있지 않음이 없어
    온 세상이 바로 눈앞이다

66 極小同大(극소동대)
    忘絶境界(망절경계)
    지극히 작은 것이 곧 큰 것과 같으니
    상대적인 경계를 모두 잊고 끊는다

67 極大同小(극대동소)
    不見邊表(불견변표)
    가장 큰 것이 작은 것과 같으니
    그 끝모습을 보지 못한다

68 有卽是無(유즉시무)
    無卽是有(무즉시유)
    있음이 곧 없음이요
    없음이 곧 있음이다

69 若不如此(약불여차)
    必不須守(필부수수)
    만약 이와 같지 않다면
    반드시 지키지 말아야 한다

70 　一卽一切(일즉일체)
　　　一切卽一(일체즉일)
　　　하나가 곧 모두요
　　　모두가 곧 하나이다

71 　但能如是(단능여시)
　　　何慮不畢(하려불필)
　　　다만 능히 이와 같다면
　　　어찌 마무리하지 못할까 걱정하겠는가

72 　信心不二(신심불이)
　　　不二信心(불이신심)
　　　부처님을 믿는 마음은 둘이 아니고
　　　둘 아님이 부처님을 믿는 마음이다

73 　言語道斷(언어도단)
　　　非去來今(비거래금)
　　　언어의 길이 끊어지니
　　　과거도 미래도 현재도 아니로다

01 至道無難(지도무난) 唯嫌揀擇(유혐간택)

02 但莫憎愛(단막증애) 洞然明白(통연명백)

03 毫釐有差(호리유차) 天地懸隔(천지현격)

04 欲得現前(욕득현전) 莫存順逆(막존순역)

05 違順相爭(위순상쟁) 是爲心病(시위심병)

06 不識玄旨(불식현지) 徒勞念靜(도로염정)

07 圓同太虛(원동태허) 無欠無餘(무흠무여)

08 良由取捨(양유취사) 所以不如(소이불여)

09 莫逐有緣(막축유연) 勿住空忍(물주공인)

10 一種平懷(일종평회) 泯然自盡(민연자진)

11 止動歸止(지동귀지) 止更彌動(지갱미동)

12 唯滯兩邊(유체양변) 寧知一種(영지일종)

13 一種不通(일종불통) 兩處失功(양처실공)

14 遣有沒有(견유몰유) 從空背空(종공배공)

15 多言多慮(다언다려) 轉不相應(전불상응)

16 絶言絶慮(절언절려) 無處不通(무처불통)

17 歸根得旨(귀근득지) 隨照失宗(수조실종)

18 須臾返照(수유반조) 勝脚前空(승각전공)

19 前空轉變(전공전변) 皆由妄見(개유망견)

20 不用求眞(불용구진) 唯須息見(유수식견)

21 二見不住(이견부주) 愼莫追尋(신막추심)

22 纔有是非(재유시비) 紛然失心(분연실심)

23 二由一有(이유일유) 一亦莫守(일역막수)

24 一心不生(일심불생) 萬法無咎(만법무구)

25 無咎無法(무구무법) 不生不心(불생불심)

26 能隨境滅(능수경멸) 境逐能沈(경축능침)

27 境由能境(경유능경) 能由境能(능유경능)

28 欲知兩段(욕지양단) 元是一空(원시일공)

29 一空同兩(일공동양) 齊含萬象(제함만상)

30 不見精麤(불견정추) 寧有偏黨(영유편당)

31 大道體寬(대도체관) 無易無難(무이무난)

32 小見狐疑(소견호의) 轉急轉遲(전급전지)

33 執之失度(집지실도) 必入邪路(필입사로)

34 放之自然(방지자연) 體無去住(체무거주)

35 任性合道(임성합도) 逍遙絶惱(소요절뇌)

36 繫念乖眞(계념괴진) 昏沈不好(혼침불호)

37 不好勞神(불호노신) 何用疎親(하용소친)

38 欲趣一乘(욕취일승) 勿惡六塵(물오육진)

39 六塵不惡(육진불오) 還同正覺(환동정각)

40 智者無爲(지자무위) 愚人自縛(우인자박)

41 法無異法(법무이법) 妄自愛着(망자애착)

42 將心用心(장심용심) 豈非大錯(기비대착)

43 迷生寂亂(미생적란) 悟無好惡(오무호오)

44 一切二邊(일체이변) 良由斟酌(양유짐작)

45 夢幻空華(몽환공화) 何勞把捉(하로파착)

46 得失是非(득실시비) 一時放却(일시방각)

47 眼若不睡(안약불수) 諸夢自除(제몽자제)

48 心若不異(심약불이) 萬法一如(만법일여)

49 一如體玄(일여체현) 兀爾忘緣(올이망연)

50 萬法齊觀(만법제관) 歸復自然(귀복자연)

51 泯其所以(민기소이) 不可方比(불가방비)

52 止動無動(지동무동) 動止無止(동지무지)

53 兩旣不成(양기불성) 一何有爾(일하유이)

54 究竟窮極(구경궁극) 不存軌則(부존궤칙)

55 契心平等(계심평등) 所作俱息(소작구식)

56 狐疑淨盡(호의정진) 正信調直(정신조직)

57 一切不留(일체불유) 無可記憶(무가기억)

58 虛明自照(허명자조) 不勞心力(불노심력)

59 非思量處(비사량처) 識情難測(식정난측)

60 眞如法界(진여법계) 無他無自(무타무자)

61 要急相應(요급상응) 唯言不二(유언불이)

62 不二皆同(불이개동) 無不包容(무불포용)

63 十方智者(시방지자) 皆入此宗(개입차종)

64 宗非促延(종비촉연) 一念萬年(일념만년)

65 無在不在(무재부재) 十方目前(시방목전)

66 極小同大(극소동대) 忘絶境界(망절경계)

67 極大同小(극대동소) 不見邊表(불견변표)

68 有卽是無(유즉시무) 無卽是有(무즉시유)

69 若不如此(약불여차) 必不須守(필불수수)

70 一卽一切(일즉일체) 一切卽一(일체즉일)

71 但能如是(단능여시) 何慮不畢(하려불필)

72 信心不二(신심불이) 不二信心(불이신심)

73 言語道斷(언어도단) 非去來今(비거래금)

○ 총무원장 진우스님은…

대한불교조계종 제37대 총무원장 진우스님은 대강백 백
운스님을 은사로 출가했다. 1978년 관응스님을 계사로 사
미계를, 1998년 청하스님을 계사로 구족계를 수지했다. 스
님은 담양 용흥사 몽성선원 등 제방선원에서 정진했으며,
제18교구본사 백양사 총무국장 및 용흥사 주지 등을 지내
며 본사와 말사의 종무행정을 두루 경험했고, 수행과 전법
포교, 가람수호에 매진해 왔다. 이를 바탕으로 제18교구본
사 백양사 주지를 역임하며 지방과 중앙의 종무행정의 조화
로운 가교역할에 헌신했다.
　진우스님은 호계원 재심호계위원으로 청정승가의 발원과
함께 수행종풍 진작에 진력했으며, 총무원 총무부장과 기

획실장 등 중앙종무기관 주요 소임을 역임했다. 나아가 조계종 총무원장 권한대행 시기에는 종단의 안정과 화합을 위해 공덕을 쌓았다. 이어서 불교신문 사장으로 부임하여 고유한 전통문화와 부처님의 가르침을 사회에 널리 전하며 국민과 사회에 공헌하는 종교적 위상과 책무를 다하기 위해 노력했다.

스님은 2019년 대한불교조계종 제8대 교육원장으로 취임하여 '승가교육이 미래'라는 일념으로 교육 교역자의 의견을 경청하고 소통하면서 현실 여건을 극복하는 효율적 승가교육 발전에 진력해 왔다.

승가의 정진이 사회와 교감하는 공동체의 공덕으로 쌓일 수 있도록 주어진 자리마다 최선을 다해 온 스님은 2022년 9월 1일 실시한 조계종 제37대 총무원장 선거에서 1994년 조계종단 선거제도 도입 후 경선 없이 추대된 첫 총무원장으로 당선돼 종단사에 큰 획을 그었다. '진심으로 소통하고, 신심으로 포교하며, 공심으로 불교중흥의 새 역사를 열겠다'는 원력으로 종단을 이끌고 있다.

총무원장 진우스님의
신심명 강설

초판 1쇄 발행일	2024년 1월 31일
초판 2쇄 발행일	2024년 5월 10일
글	진우스님
사진	불교신문사
발행인	오심스님
발행처	불교신문사
책임편집	하정은
편집제작	선연
출판등록	2007년 9월 7일 (등록 제300-207-133호)
주소	서울시 종로구 우정국로 67 전법회관 5층
전화	02)733-1604
팩스	02)3210-0179
e-mail	ibulgyo@ibulgyo.com

© 2024, 진우스님

ISBN 979-11-89147-30-3   03220

값 28,000원